U0616444

外国货币史译丛

白俊志 主编

Kuṣāṇa Coins and History

贵霜王朝货币史

【印度】帕尔梅什瓦里·拉尔·笈多（Parmeshwari Lai Gupta）
【印度】萨罗吉尼·库拉什雷什塔（Sarojini Kulashreshtha） 著
张子扬 译
张雪峰 校

中国金融出版社

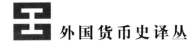

责任编辑：仲　垣
责任校对：张志文
责任印制：张也男

Original Title：Kuṣāṇa Coins and History
Author：Parmeshwari Lai Gupta and Sarojini Kulashreshtha
ISBN：978-8124600177
Copyright © Gupta Parmeshwari Lai，1993

图书在版编目（CIP）数据

贵霜王朝货币史/（印度）帕尔梅什瓦里·拉尔·笈多，（印度）萨罗吉尼·库拉什雷什塔著；张子扬译．—北京：中国金融出版社，2020.6
（外国货币史译丛）
ISBN 978-7-5220-0279-8

Ⅰ．①贵…　Ⅱ．①帕…②萨…③张…　Ⅲ．①贵霜帝国—货币史
Ⅳ．①F821.9

中国版本图书馆 CIP 数据核字（2019）第 206781 号

贵霜王朝货币史
GUISHUANG WANGCHAO HUOBISHI
出版发行　中国金融出版社
社址　北京市丰台区益泽路 2 号
市场开发部　（010）66024766，63805472，63439533（传真）
网上书店　http://www.chinafph.com
（010）66024766，63372837（传真）
读者服务部　（010）66070833，62568380
邮编　100071
经销　新华书店
印刷　保利达印务有限公司
尺寸　155 毫米×230 毫米
印张　13
字数　180 千
版次　2020 年 6 月第 1 版
印次　2020 年 6 月第 1 次印刷
定价　56.00 元
ISBN 978-7-5220-0279-8
如出现印装错误本社负责调换　联系电话（010）63263947

国民信托博士后工作站课题组

外国货币史译丛

编委会

主任　石俊志

委员（按姓氏音序排列）

丛凤玲　付　然　付　瑶　黄希韦　贾海平
康以同　李峰沄　李思萌　李铁生　李晓龙
刘文科　刘　钊　马　达　马　兰　彭晓娟
似　玉　宋　海　汤素娜　田　圆　武宝成
武　强　徐丽丽　杨崇哲　杨文捷　袁宏伟
寅　龙　赵天朗　张红地　张劲松　张　林
张玲玉　张　生　张雪峰　仲　垣　曾晨宇
邹海林

总　　序

货币史是经济史的重要组成部分。

货币史研究可以分为两种形式：一是关于古代货币本身的研究，在中国体现为《钱谱》《古泉谱》等民间著作，西方国家亦有各种《钱币目录》流传于世，这种研究被称为“钱币学”；二是关于古代货币发展历程的研究，在中国体现为历朝的《食货志》，以及近代学者撰写的货币史论著，西方国家亦有各种关于古代货币发展历程的专著。

近代数百年间，世界范围的社会史学出现了蓬勃的发展，结合古代钱币学的丰硕成果，促进了货币史学的崛起，各种货币史著作纷纷涌现，使我们能够在此基础上，开展进一步的研究。

研究货币史可以使我们同时获得两个方面的学术成果：一是货币学的学术成果；二是历史学的学术成果。研究外国货币史更可以使我们深刻了解世界各国的社会结构、历史演变和文化根源。

货币史学借助货币学与历史学学科交叉的方式，通过对古代各王朝货币状况的分析，深入探讨货币起源、货币本质、货币演变规律等货币理论，使货币理论从历史实践上获得更加坚实的基础。

此外，货币史学更重要的意义在于揭示历史真实，辨真伪，明是非，以史为鉴，面对未来。

古代各民族、各王朝的盛衰兴替，都有政治、经济、军事、文化等诸多方面的原因。然而，传统的政治精英史对于古代各民族、各王朝的败亡，多归咎于其军事失败或政治失败，很少分析其经济原因。

马克思主义主张：经济基础决定上层建筑。采取马克思主义的科学研究方法，分析古代各民族、各王朝的经济变化，才是找出其败亡原因的最佳途径。

从经济角度研究古代社会是一个比较可靠的视角。记述历史的人，大多难以摆脱其政治立场。因此，史书典籍中记载的帝王将相、社会精英们的政治、军事活动及其言论主张，多有虚假伪造。经历了后世历代王朝基于各种不同政治立场的人们的反复篡改，历史就变得更加扑朔迷离。然而，无论是伪造历史，还是篡改历史，都围绕着政治立场展开，很少在社会经济状况方面蓄意作伪。于是，从经济角度研究古代社会，我们就获得了一个比较可靠的研究视角。

无论在中国古代，还是在外国古代，货币都是社会经济中枢纽带。货币发展对社会变化发挥着重要的影响作用。所以，研究外国货币史是拨开世界古代各国、各王朝盛衰兴替迷雾的“钥匙”。

然而，迄今为止，我国对世界各国货币史知之甚少，有关资料、书籍十分匮乏。为此，国民信托博士后工作站与华南理工大学货币法制史研究中心联手合作，针对世界各国货币史进行研究。在此基础上，我们邀请了一批国内金融学、法学、史学和外国语的专家学者，经过认真广泛的调查搜集，筛选了一批外国货币史著作，翻译成中文，介绍给国内读者。

我们相信，这套“外国货币史译丛”的出版，对于我国货币理论研究，以及我国关于世界各国历史、政治、经济和文化的研究，具有一定的参考价值。

2017 年 4 月 16 日

引　言

贵霜民族为中亚游牧部落的后裔，即中国人所称的“月氏”。他们于公元前3世纪到公元前2世纪时背井离乡，并逐渐建立了一个西至中亚、东至印度北部的辽阔帝国。尽管贵霜王朝在历史上赫赫有名，但是关于它的故事或记载，主要来自中国史料。

印度史籍中有关贵霜人的信息十分匮乏，对其记载的来源之一是铭文，这些铭文见证了他们在亚穆纳恒河平原地区的存在。贵霜人政治历史的另一重要来源是其货币提供的信息，但是人们并未充分认识到它的重要性，而且在印度的历史作品中对货币的引用几乎踪迹难觅。

通过对主要铭文的分析，我们得知，在贵霜王朝的历史上主要仅有三位统治者：迦腻色伽、弗维色伽，以及瓦苏提婆。目前尚不清楚他们所处的时代、国王的名字及他们的名号。已知的时期始于公元2年直到公元98年。学者们判定这个时期属于迦腻色伽（贵霜）时代。

除了这三位统治者，另外两位统治者——迦腻色伽二世和瓦西色伽也被看作弗维色伽和瓦苏提婆时期的共同统治者。因为一些铭文记载显示，他们的任期都在同一时间段内，但学者们并没有其他方法对此进行佐证。

早期，在迦腻色伽王之前还有另外两位统治者——丘就却和阎膏珍。人们通常认为丘就却是阎膏珍的前任统治者，但在阿富汗以外，甚至印度区域都无人知晓他的存在。仅有阎膏珍被认为是亚穆纳恒河平原地区的统治者，而这也仅仅基于他统治时期的货币被发现。一般认为他们与迦腻色伽王没有任何关系。

另外，公元98年之后，再无关于继瓦苏提婆王之后的任何一位贵霜统治者的信息，也几乎没有人关注这些似乎是由贵霜统治者们发行的货币，他们仿佛在亚穆纳恒河平原地区从未存在过一般。因此，历史学家认为，在贵霜瓦苏提婆之后直至公元4世纪时笈多王朝的崛起这段时期存在着巨大的历史空白，有人试图用娜迦人或游得希亚人在这段期间的入侵填补这个空白，但没有足够严谨的史料来证明。

在已知的贵霜王朝史料的基础上，我于1959—1989年这三十一年间，对北印度（亚穆纳恒河平原地区）的贵霜王朝历史的相关问题进行了认真考察和思索，并撰写了许多文章。随后，萨罗吉尼·库拉什雷什塔也进入了这个研究领域，并且发表了一些重要的论文。她的两篇论文（第九章和第十章）和我的十篇论文（第一章至第八章、第十一章至第十二章）集中在一起，主要侧重货币线索，同时也考察了铭文中已知的所有信息。这些论文结合在一起，为历史学家提供了一个重新审视贵霜王朝历史的新的框架结构。这些论文中所涉及的问题简要概括为如下几点：

1. 到目前为止，尚无任何其他东西比货币更能证明阎膏珍在亚穆纳恒河平原地区的存在。现在，人们的注意力被一个能证明阎膏珍的存在的铭文吸引。这个铭文的碎片是在北方邦的法塔赫布尔地区一个叫作“雷”的地方发现的。上面本应有的国王姓名已被磨损(图31)。曾有人提出了一个错误的假设，认为它属于印度—希腊的国王米南德，被用作他向华氏城进军的证据。然而，第十二章的论文中曾指出，铭文中所有用于指代名字不详的国王的绰号都从未用于指代过印度—希腊国王。这些绰号都仅适用于贵霜统治者阎膏珍。因此，铭文皆与他的时期有关，同时也证明了他在这个地区的存在。

2. 阎膏珍时期与迦腻色伽时期之间的空隙因在马图拉地区的松克发现的一枚铜币被缩小货币上的刻印文字揭示了迦腻色伽王是迄

今为止我们所未知的弗维色伽（弗维色伽一世）的儿子（第五章）。可以通过区分特定的金币和铜币，证实迦腻色伽之前有一个姓“弗维色伽”的统治者。这些货币至今被认为属于迦腻色伽王的继承者弗维色伽。在一个“Māṭ”（马图拉）铭文中提到了弗维色伽有一个同名同姓的祖父，这也佐证了货币提供信息的真实性。

3. 第十二章中提到的一个重要发现：对于迦腻色伽王的继承者——弗维色伽王时代的货币，除了之前提及的那些来自迦腻色伽王的父亲——弗维色伽一世时代的货币，剩余的并不完全属于弗维色伽王这一位国王，而是与两位后续的相同姓氏的统治者——弗维色伽二世和弗维色伽三世有关（第十二章）。在这篇文章中指出了属于这两位不同国王的货币之间的区别，同时也提到了另一个相似的例子，即来自印度萨卡时期的统治者阿泽斯时期的货币。文中引用了几处贮藏发现来作为支撑论文的证据。

4. 人们假设在弗维色伽和瓦苏提婆时期，瓦西色伽和迦腻色伽二世联合执政。这个假设推断这些铭文并不属于前瓦苏提婆时期。我们也对这个谜团作出了解释（第十章和第十二章）。那些铭文属于后瓦苏提婆时期、瓦西色伽和迦腻色伽二世实际上就存在于这个时期，而且他们与弗维色伽和瓦苏提婆绝不是同一时代的人。

5. 在贵霜王朝历史中，后瓦苏提婆时期的历史曾是一片隐秘，艺术历史学家娄伊泽于1948年实现了研究的突破。她发现马图拉的一些雕塑与其他雕塑迥然不同，据此，她认为贵霜王朝的雕塑应有两种类型。在她试图对它们进行仔细辨别时，发现上面许多都铭刻有日期，她得出结论：那些具有早期风格的雕塑属于前瓦苏提婆时期，其上的日期推测为迦腻色伽时代。那些具有后期风格的雕塑则属于后瓦苏提婆时期，它们的日期从迦腻色伽时代延续下来，但是上面的日期省略了“100”这个数字。换言之，它们代表一个新的或者说第二个贵霜王朝时代。她的这些发现，使这个时期的一些统治者的名字开始为人所知，但这一发现并没有引起艺术领域之外史学家们的足够重视。之后，萨罗吉尼·库拉什雷什塔又从另一个完全不同的角度（第十章）创造了一个突破。在讨论瓦西色伽的货币时，她指出，那些将瓦西色伽置于弗维色伽时代的铭文中，瓦西色伽除了拥有贵霜王朝统治者的通常称呼“Ṣāhānuṣāhi Daivaputra”，还有一个额外头衔，即“Ṣāhi”。而且，在许多由娄伊泽发现的具有后瓦苏提婆时期风格的雕塑上的铭文中，也存在这个额外的头衔。因此，她也为这100年的空白，抑或说在瓦苏提婆后的第二贵霜王朝时代的存在，提供了新的佐证。这更加有力地证明了在瓦苏提婆之后的几乎半个世纪里贵霜王朝的存在，也为从瓦苏提婆一直到迦腻色伽三世的统治者在位时间提供了一个确定的年表。

6. 在笈多王朝的统治者沙摩陀罗笈多继位前，贵霜王朝一直存在着，另外还有一个名叫萨卡（萨卡—穆伦达）的邻国也一直存在着，这是从布兰迪巴格柱上的铭文中得出的信息。现在，在一个有着贵霜王朝以及沙摩陀罗笈多和卡查笈多时期的货币贮藏中发现了佐证（第八章）。

7. 这些货币贮藏表明，贵霜王朝败给萨珊王朝之后失去了西印度地区，留下的西部领土，即东印度地区后来又被一些部落、王朝统治者占领。为方便起见，我们将这些部落称为贵霜部落（第八章）。

8. 从一个货币的贮藏地我们可以很明显地看出，寄多罗人将贵霜部落的统治者将他们从贵霜王朝夺来的领土上驱逐了出去。据推测这大约发生在笈多统治者旃陀罗笈多二世时期。这也可以从另一枚贮藏货币反映的事实上看出。它表明了塞建陀笈多曾经率领一支远征军队去对抗寄多罗人（第八章）。而最有可能证明这一点的是，这些寄多罗人在他们的朱纳格尔铭文中被称为蔑戾车人。

9. 我们尝试将第八章至第十一章这四章结合起来推断，在瓦苏提婆失去了部分领土给萨珊王朝之后的100多年里，贵霜王朝一直存在着，但贵霜王朝在这100年中并没有一直占领剩下的所有领土，在某些时期贵霜王朝失去了西部一些地区，只有亚穆纳恒河平原地区一直保留到了最后。大约公元370年，贵霜王朝为笈多王朝统治者旃陀罗笈多二世所灭。

10. 在贵霜王朝历史的研究中，最棘手的问题之一就是迦腻色伽的开端，也即贵霜时代的开端，这已经困扰了学者们两个世纪。在早期的争论里，至少有九个理论较为流行。每一位接触该问题的学者都坚信自己的推测，但没有任何一个人的观点得到普遍认可。因此，皇家亚洲学会于1913年在伦敦组织了一个研讨会以期解决这个问题。会议讨论的结果是两个日期，一个是公元前58年（毗迄罗摩时代），另一个是公元78年（萨卡时代），公元78年这个日期是会议讨论的焦点，比起前者，后者为大多数学者所认可。即便如此，还是没能得出一个普遍认可的结论。在反复审视公元2世纪和3世纪后，学者们不断提出新的日期。有一位学者认为迦腻色伽属于公元3世纪，他认为这个日期可以从放在大英博物馆里的罗马—贵霜大奖章里得到印证。但是，这个结论是错误的，这在其中一章（第七章）中已进行了论证。我认为，迦腻色伽（贵霜）时代的开端是在公元2世纪的第50年。在1960年的东方及非洲研究学院（伦敦大学）组织的讨论会上，我首次表达了这个观点。会上，我根据贵霜进入亚穆纳恒河平原地区时期时既已存在的政治条件，指出这个区域中马图拉、般遮罗、古憍赏弥以及后孔雀王朝时期的阿逾陀的地方统治者们的存在，并通过计算他们的统治时期，认为公元144年最有可能是贵霜进入这个地区的时间。同样，格希什曼也根据贝格拉姆（阿富汗）（第四章）的发掘提到过这个时期。随后，在其他三章（第八章、第十一章和第十二章）中，我又提及了这个话题。这次，我将从另一方面进行阐述。我认为，来自马图来地区的贵霜族灭绝的确切时间是在大约公元370年的笈多统治者旃陀罗笈多二世时期。我们根据如今熟知的120年前的后瓦苏提婆贵霜统治者时代进行推算，得出贵霜时代的开端大约在公元150年，即［370－(120+100)］。我早些时候提出的公元144年和公元150年，虽然这些年份并不精确或绝对，但是，它们仍然比迄今学者们所提的其他时期更为准确，也更站得住脚。

11. 对于贵霜王朝在东部领土的扩张，历史学家们关注寥寥，仅有极少数的货币学研究学者有研究兴趣。他们试图把掌握的所有货币方面的信息整合在一起，来揭示北方邦、比哈尔邦、奥里萨邦，以及孟加拉的恒河三角洲有段时间都曾属于迦腻色伽帝国。我曾认真研究过所有这些材料，认为这些结论并不正确（第一章、第二章和第三章）。当我开始撰写前两篇论文时，我对这个领域相当陌生，尽管如此，我仍然试图揭露这个结论的漏洞所在。我认为，贵霜王朝东部从未延伸超过瓦拉纳西（Vārāṇasī）。在之后的一章中（第六章），我仔细研究了所有揭示贵霜王朝东扩的资料，以此来更新并重申我最初的观点：贵霜王朝从未超出瓦拉纳西地区越过恒河。在这些地区出现的货币和其他物品上都无法证明贵霜王朝曾占领过这些地区。这些货币是贸易流通的结果。同时，它们根本不是作为货币，而只是作为在笈多王朝时期所需要的日常用品，在这段时期他们没有任何铜铸币，人们只是用这些货币来满足少量需求。

这些论文中的各种结论，尽管时间间隔较长，但总体而言提出了新观点：贵霜王朝在亚穆纳恒河平原地区存在了两个世纪，从公元2世纪中期贵霜王朝的崛起一直到公元4世纪中期覆灭。我希望这些研究能激发历史学家们重新思考这个问题，也希望能给他们提供一个全新的视角，重新审视贵霜王朝的历史。我殷切期盼读者能汲取论文的可取之处，严谨地审视这段历史。

帕尔梅什瓦里·拉尔·笈多
1994年5月2日
印度货币学研究学会
地址：安吉纳瑞（Anjaneri），422213
纳西克（Nasik）（马哈拉施特拉邦）

特别鸣谢

我们诚挚感谢以下协会和个人给予的允许：瓦拉纳西印度货币协会（第二章、第三章、第五章、第六章和第七章）、印度货币学研究所、安吉纳瑞、纳西克（第九章和第十章），巴特那的贾亚斯瓦尔研究所（第八章）、新德里美国印度研究所（第十一章）、那不勒斯东方大学（意大利）（第十二章），以及布里尔、莱顿（荷兰[①]）（第四章）包括论文提到的这本书中他们的名字。

第一章已经在《印度历史季刊》（加尔各答）发表，原书现在已经难寻踪迹了。这里也向曾经对这个季刊索刊的读者致以歉意。

作者

---

① 2020 年以后改称“尼德兰”。——编者注

本书主要参考文献

《班达伽东方研究所史册》，浦那
《印度考古调查年度报告》
《亚洲社会月刊》，加尔各答
《期刊博物馆和考古学之北方邦》，北方邦
《大英博物馆货币目录之古印度》
《东洋与非洲学院通报研究期刊》，伦敦
《坎宁安考古调查报告》
《印度铭文》
《印度古文物研究者》
《印度文化》，加尔各答
《印度历史季刊》，加尔各答
《印度博物馆期刊》，加尔各答
《印度钱币纪事》，巴特那
《亚洲社会月刊》，巴黎
《美国东方学会会刊》，纽约
《亚洲社会期刊》，加尔各答，孟加拉
《比哈尔邦和奥里萨邦研究学会期刊》，巴特那
《印度碑文协会期刊》
《印度货币学协会期刊》，瓦拉纳西
《皇家亚洲学报》，伦敦
《北方邦历史学会期刊》，勒克瑙

《马德拉斯史学与科学期刊》，马德拉斯
《货币文摘》，纳西克
《奥里萨邦历史研究期刊》，布巴内斯瓦尔
《全印度东方研讨会记录》
《亚洲社会期刊记录》，加尔各答，孟加拉
《孟加拉亚洲社会期刊记录》，加尔各答
《旁遮普博物馆货币目录：卷Ⅰ　印度、希腊及其他》，拉合尔
《国际钱币学大会汇报》

目　录

第一章
贵霜王朝的东部扩张*

我的灵感来源于阿尔特卡尔，他曾经公布了一批来自比哈尔邦伯格萨尔的贵霜货币，提出阎膏珍时期的贵霜王朝征服了摩揭陀族王朝，并在弗维色伽①统治末期失去了控制权。根据上面的说法，阿德里斯·班纳吉收集了有关的钱币、碑文和雕塑的数据，以此来证明北方邦、比哈尔邦，甚至孟加拉恒河三角洲地区及奥里萨邦很可能在很长一段时间内皆处于迦腻色伽帝国的统治。若从公允、严谨、细致的角度审视文中素材，妙趣横生的文笔背后，可以看出其论据充分扎实，并非凭空捏造。

班纳吉提到下面的铭文，指出铭文明确提及东印度迦腻色伽的名字：

1. 在鹿野苑佛像上的铭文。
2. 在舍赫特·摩赫特（古舍卫城）发现的佛像上的铭文。
3. 坎宁安在加雅发现的画像上的铭文。

对于班纳吉提出的这个列表，我将增加一个其未曾提及的铭文，即在柯桑村，古憍赏弥②发现的刻在佛像上的铭文。但与此同时，有关班纳吉所述坎宁安在加雅发现的图像，并没有提及迦腻色伽或其他任何贵

---

* 本文最初发表在《印度历史季刊》第29卷，1953年3月，第205－221页。

① 《印度货币学协会期刊》第12卷，第122页。

② 《印度历史季刊》第17卷，第294－303页。

霜王朝统治者，对当前的研究没有任何价值。事实上，班纳吉自己也不确定这个铭文是否有用，尽管他援引了坎宁安的《大菩提》一书来佐证这个论断的权威性，但他却并未参考过这本书。他在脚注中提到过森，③ 而且似乎很依赖此人。④ 我曾经翻阅过《大菩提》，但是并没有发现其中有任何文字曾提及过迦腻色伽或其他贵霜王朝统治者铭文的图像。里面只有一个佛像上刻有这样的铭文：一位来自公元 64 年的名叫崔卡玛拉的国王。很显然坎宁安认为这个图像属于贵霜王朝时期，但从艺术角度而言，其是否应被归于贵霜时期仍然存疑。它很可能属于公元 3 世纪后期。即便它可归于贵霜王朝时期，但该时期比哈尔邦仍旧存在一些脱离了贵霜王朝的统治范围的独立王国。

除了列表上的这个铭文，并没有其他来自比哈尔邦的线索，明确提及迦腻色伽或其他贵霜王朝统治者的名字，表明贵霜王朝曾经掌控过这片土地，其他三个铭文仅限于北方邦东部，如果以文物出土地点为结论线索，它们没有显示贵霜王朝曾超越了贝拿勒斯的地域范围。稍后我们将讨论这些铭文。

班纳吉给出了下一个铭文列表，这些铭文发现于比哈尔，而且上面有贵霜的字符。在比哈尔或其他地方发现的任何一个铭文上面，有称为“贵霜”的字样，并不能表明任何政治统治。它仅是表明字母发展形式的一个名字，因为在那个时期贵霜是这个国家的主要统治者。此外，在由卡拉、阿格拉的红色砂岩做成的图像上也发现了这些由班纳吉列出的铭文，而且这些图像的风格和工艺表明它们产自马图拉。毫无疑问，这些图像是从马图拉进口到最初被发掘之地的。因此，他们拥有“贵霜”的字样便不足为奇。仅凭一个进口物品决不能明确表明其发现地与产地同属一个君主的统治。

但班纳吉指出，在印度东部，拉杰马哈尔石板在不同时期都被用于雕塑，但却并没有在贵霜时期使用。人们在这一时期只发现了卡拉的红

③《印度铭文》第 21 卷，第 211 页。

④ 见前引书，第 294 页，脚注 4。

色砂岩，它随着贵霜帝国的解体而消失无踪。他说：“在笈多时期，马图拉艺术作坊依然在运行，但马图拉的红色砂岩只在恒河和亚穆纳河之间的范围内出现过，继贵霜王朝灭亡后，其他帝国也旋即灭亡，红色砂岩就再未出现在印度东部。”班纳吉想说服我们的是，尽管只是一块当地的石头，但若一个特定地点的石头图像是在一个特定时期进口的，那它即明确表征着一种政治统治。对他而言，尽管在比哈尔也发现了拉杰马哈尔石头，马图拉石头的存在也能表明贵霜王朝占领过那个省份。

众所周知，贵霜王朝时期的印度艺术仅仅只在犍陀罗和马图拉流传并发展，而在贝拿勒斯和摩揭陀国却缺乏繁荣的本地艺术。如果真是这样，我们自然会有一些艺术风格一样的邱那卢和拉杰马哈尔当地的石头。但是在笈多时期，贝拿勒斯建立了艺术学院，我们也在北方邦东部和比哈尔发现了大量邱那卢砂石风格的雕塑。自然，人们便不再认为需要从遥远的地方如马图拉进口石像。即便在这个时期，我们也未在摩揭陀国的雕塑里发现使用过拉杰马哈尔石头，因为直到这时艺术还没有在这一地区发展。若曾经发生了任何像班纳吉的假设中所述的情况，在比哈尔出现了马图拉石头，随着笈多统治该地区，我们肯定会在马图拉或其他地方发现大量的邱那卢石像。但事实并非如此。因此，可以推断在贵霜王朝时期，东印度自身的艺术匮乏，出于对宗教的热爱或对新事物的好奇，他们从马图拉的艺术作坊引进石像，然而，当他们发展了自身的艺术后，便停止了进口。从比哈尔和北方邦东部有少量马图拉图像这一事实来看，这是显而易见的，但是，以此来说明它们在比哈尔出现的背后隐藏着某种政治统治，恐怕只是一种臆想。几乎未有任何形式的艺术和铭文足以证明比哈尔被贵霜王朝统治过。

现在，当我们谈及贵霜王朝是否对北方邦东部的占领，毫无疑问，上面提到的三个在憍赏弥、鹿野苑和舍卫城被发现的刻有铭文的佛像，其上都刻有迦腻色伽的名字。这些铭文似乎表明迦腻色伽的统治范围延伸至贝拿勒斯，对此包括班纳吉在内的诸多学者十分认同这个看法。但不幸的是，他们的研究略显片面，即忽略憍赏弥和舍卫城的铭文，而仅仅关注鹿野苑的铭文。如果把这三个图像和铭文放在一起研究，我们会发现他们与迦腻色伽王朝时期是无关的。

这三个图像都是由卡拉的红色砂石制作而成的，而且这些作品极有可能出自马图拉派的同一位艺术家之手。这些图像在风格和工艺上都惊人地相似，并且上面的铭文在类型、语言和雕刻上也十分相似。其中一个（憍赏弥图像）年份为迦腻色伽的第二年，另一个（鹿野苑图像）日期为他统治时期的第三年，尽管第三个（舍卫城图像）的年份不幸被损坏，但同样也是处于迦腻色伽统治时期。舍卫城图像的捐赠者是僧人补沙武迪的跟随者、僧人巴拉和憍赏弥的僧人巴拉的弟子及女尼佛陀蜜多。萨尔纳特图像则是由僧人巴拉和女尼佛陀蜜多联合捐赠的。来自马图拉的菩萨像中则再次提到了这两个佛教徒，它被保存在勒克瑙博物馆，年份为弗维色伽统治的第 33 年。这个图像是女尼多南瓦蒂的礼物，她是大藏经巴拉的弟子大藏经佛陀蜜多姐姐的女儿。[⑤] 显而易见，这三个铭文属于这两个人，他们不属于憍赏弥、鹿野苑及舍卫城这三个地方，很有可能来自马图拉，他们带来了这些图像，并将其安放在他们朝圣的佛教圣地。因此，他们无法作为迦腻色伽曾掌控这些地方的证据。

但在鹿野苑的铭文中，在“大总督”和“郡守”两个头衔下分别有——“哈拉帕拉纳”和“瓦纳斯帕拉”两个名字，这两个名字让学者们产生了丰富的联想，他们认为这是迦腻色伽统治时期在贝拿勒斯的总督和州长。但这只是推论，无法从铭文的字里行间里得到确认，铭文如下：

1. भिक्षुस्य बलस्य त्रेपिटकस्य बोधिसत्त्वो छत्रयष्ठि प्रतिष्ठापितो वाराणसिये भगवतो चंकमे सहा माता पितिहि सहा उपद्ध्यायाचर्येहि सद्ध्येविहारिहि अंतेवासिकेहि च सहा बुद्धमित्रये त्रेपिटिकये सहा क्षत्रपेण वनस्परेन खरपल्लानेन च सहा च चतुहि परिषाहि सर्वसत्वनं हितासुखार्थं ।
2. भिक्षुस्य बलस्यत्रेपिटकस्य बोधिसत्त्वो प्रतिष्ठापितो महाक्षत्रपेन खरपल्लानेन सहा क्षत्रपेन बनस्परेन ।

⑤ 《印度铭文》第 8 卷，第 181 页。

这两个铭文明确地提到了这两个郡守的名字，称他们是“菩萨”和“伞”（雕像）的联合捐赠者，同样也提到了女尼佛陀蜜多的名字。但这难以表明大总督哈拉帕拉纳和郡守瓦纳斯帕拉曾因任何政治原因而在贝拿勒斯驻扎过。我们最多仅能推断出，他们也像僧人巴拉和女尼佛陀蜜多一样是朝圣者，并且很有可能与他们同行且分享了之前所言的捐赠。

贾亚斯瓦尔的推想最为丰富。他认为在本德尔坎德的一个被称为巴南福瑞的刹帝利部落是郡守瓦纳斯帕拉的后代，而且那里还一直流传着巴南福瑞方言。班纳吉引用了乔治·格里尔生的说法来表明他们家族原本是在伯格萨尔，但这也不能说明巴南福瑞拉其普特人就是比哈尔邦的原住民，他们是在近几个世纪从西方迁移到这个地方的，也没有任何巴南福瑞拉其普特人的传说可用来表明他们就是郡守瓦纳斯帕拉的后代。据贾亚斯瓦尔所言，若“Vanaspara”和“Vinvasphāṇī”“Vimbsphāti”“Visvaphāṇi”为同义，那么《往世书》中的传说表明郡守瓦纳斯帕拉来自帕德玛瓦蒂。

班纳吉认为这些铭文中有关迦腻色伽年代的参考信息是问题的关键所在。他提出：在一个迦腻色伽没有任何政治统治的地区，来推算迦腻色伽的起始年代，这似乎最令人惊讶。因此，为了强调如果该地区不在他的统治范围内，这些铭文就不会出现迦腻色伽时代。他引用了实例证明，国王不会在自己的王国外竖立纪念碑时使用自身的时代或统治时期。国王也不会在王国外使用他们的时代或统治时期，而这对当前的问题并无较大影响。班纳吉似乎忽略了一个事实，那就是在目前这些铭文都不属于贵霜王朝统治者的官方记录。他没有引用任何针对人们的禁令，这些禁令禁止在他们的记录上使用他们自己选择的日期。

然而，如果这些领土是贵霜王朝的，那么令人惊奇的是，我们只得到了这三个源于迦腻色伽时代初期的铭文，并且它们是同一批人使用的。与此同时，我们从马图拉和贵霜王朝其他地方却得到数以百计的源于迦腻色伽、弗维色伽和其他贵霜王朝时代统治者的统治时期的铭文。

这并不是说，我们没有在这个地方发现源于贵霜王朝时代的其他雕刻铭文，这个时期的铭文在憍赏弥、班托格尔、阿蓝车多罗等地方很有名，但是没有一个提到贵霜王朝统治者。因此，这个地方是否曾经属于贵霜王朝统治之下是值得怀疑的。

但在对这个问题得出结论之前，我们有必要对憍赏弥、般遮罗和阿逾陀的当地历史进行谨慎认真的研究，而不幸的是，这正是目前为止被我们所忽略的。⑥

最近在憍赏弥出土的钱币的材料表明，直到公元前 3 世纪末期，瓦鸣和马鸣一直统治着这里。他们的继任者极有可能是钵伐多和苏提婆这些国王之后，一直到公元前 2 世纪末都是密多罗王朝的国王。从密多罗国王开始，这个王朝包括了至少 15 位国王：拉达密多罗、阿耆尼密多罗、耶瑟莎密多罗、毗诃跋提密多罗、苏拉密多罗、伐楼拿密多罗、波塔密多罗、萨尔帕密多罗、普拉贾巴蒂密多罗、萨提亚密多罗 、拉贾密多罗、拉吉尼密多罗、提婆密多罗、大自在天密多罗及湿婆密多罗。⑦ 这些国王后来为摩伽王朝的国王所取代。跋陀罗摩伽、湿婆摩伽、怖军跋摩、萨塔摩伽、维贾雅摩伽、普拉摩伽、宇迦摩伽、纳维卡、普斯瓦斯瑞及达纳提婆，这段时期的这 10 位国王因他们的货币而被人们熟知。憍赏弥的最后一位统治者是楼陀罗，他曾被沙摩陀罗笈多征服，并且在布兰迪巴格柱上的铭文中被称作楼陀罗天神。这些国王的货币都是只在当地流通，并未受贵霜王朝或其他货币的任何影响，因此没有证据表明这些地方曾是某个帝国的封地。因此，从公元前 2 世纪到公元 4 世纪中叶，憍赏弥一直由当地统治者统治，且独立于任何帝国。虽然我们得到源于迦腻色伽统治时期的佛陀形象，但这仅表明了它的捐赠者属于迦腻色伽，而并未表明这片领土是属于迦腻色伽的。

---

⑥ 在下文可看到，第 55 – 64 页。

⑦ 货币的细节，可参见《印度货币学协会期刊》第 4 卷、第 5 卷、第 8 卷和第 14 卷；《大英博物馆货币目录之古印度》简介，第 94 页，第 148 – 158 页；《坎宁安考古调查报告》第 10 卷。“湿婆密多罗 ”这个名字在一个铭文中被提到（《印度考古调查年度报告》，1913—1914 年，第 262 – 263 页）。

现在将视角转向般遮罗，我们发现一系列不少于 22 个（此处疑为 21 个——编者注）统治者的统一货币，即楼陀罗笈多、加雅笈多、戴玛笈多、孟加帕拉、维斯瓦帕拉、雅吉纳帕拉、瓦索塞纳、苏利耶密多罗、杜茹瓦密多罗、毗湿奴密多罗、因陀罗密多罗、阿耆尼密多罗、伐楼拿密多罗、普拉贾巴蒂密多罗、巴努密多罗、布米密多罗、加雅密多罗、弗格鲁尼密多罗、安努密多罗、阿尤密多罗及毗诃跋提密多罗。[⑧] 人们认为这个王国始于公元前 3 世纪末。这 22（21）位国王肯定已经统治了不少于 5 个世纪的时间，并且其统治时间一直延续到公元 3 世纪或直至笈多王朝的崛起。这里的货币也是纯粹当地的货币，并未受到任何其他王国的影响，并且缺少证据能够表明它们是贵霜王朝的封地。因此显而易见，般遮罗在贵霜王朝统治时期也是一个独立的王国。

位于这两个王国之间的第三个国家阿逾陀（憍萨罗国）一直都处于非常不稳定的状态。有一段时间，它的组成部分般遮罗又成为憍赏弥的一部分，但是在其他时期，它也宣称自身的独立性。尽管它的历史缺乏像憍赏弥和般遮罗那样的连贯性，但并无法证明它曾被贵霜王朝统治。作为一个独立的王国，阿逾陀（憍萨罗国）极有可能存在于公元前 2 世纪下半叶的普沙密多罗·巽加国之后。此后，便有了这些国王：穆拉提婆、伐由提婆、比萨卡提婆、弗格鲁尼提婆、达纳提婆、湿婆达塔、那拉达塔、耶瑟莎达塔、萨提亚密多罗、提婆密多罗、阿里亚密多罗、僧伽密多罗、维贾雅密多罗、库穆达塞纳及阿贾跋摩。[⑨] 这个列表似乎并不完整。在憍赏弥和般遮罗统治的过渡期间，可能还有更多的国王存在。即使这个列表中只有 15 个国王的名字，但也表明他们曾统治到公元 2 世纪末期，如果能恰当地构建历史，其统治甚至延续至公元 3 世纪时期。这些国王的货币也不受外国的影响，并且没有表明有任何贵霜王朝统治的迹象。

---

⑧　参见《大英博物馆货币目录之古印度》引言部分，第 cxvi 页，第 192－204 页；《印度货币学协会期刊》第 2 卷、第 4 卷和第 5 卷；《印度钱币纪事》；《亚洲社会期刊》第 44 卷，第 21 页。

⑨　参见《大英博物馆货币目录之古印度》引言部分，第 87 卷，第 129－139 页；《印度货币学协会期刊》第 8 卷。

因此，憍赏弥、般遮罗和阿逾陀的历史重建表明，贵霜王朝统治马图拉时期，他们是独立的王国。只有当他们中的任何一个被征服之时，贵霜王朝才能继续扩张至贝拿勒斯和摩揭陀国，当然对于这个我们也依然毫无证据。我们目前所能证明的仅仅是贵霜王朝最远向东扩张至曲女城。

但是班纳吉和阿尔特卡尔展示了之前发现的被广泛散落在孟加拉、奥里萨邦、比哈尔及北方邦东部的一长串贵霜王朝货币的列表，他们坚定地认为这些货币是贵霜王朝在东部扩张的确凿证据。毫无疑问，根据货币学理论，即铜币通常不会在自身的流通领域之外太远的地方流通。初步看来，我们有了足够的理由来支持贵霜王朝扩展到了摩揭陀国甚至超越摩揭陀国的说法。但与此同时，我们也不能忽视在货币学和其他证据的基础上重建起来的憍赏弥、般遮罗和阿逾陀的历史。

因此，在得出任何结论之前，我们需要对这里的历史资料进行一个严谨的审视。

班纳吉给出如下在孟加拉的发现列表：

（1）一枚于1882年在米德那浦尔区的塔姆卢克发现的迦腻色伽铜币。

（2）一枚于1890年在穆尔希达巴德地区发现的瓦苏提婆普通金属货币。

（3）一枚于1909年在博格拉地区发现的瓦苏提婆金币。

（4）三枚来自北孟加拉的贵霜货币。其中两枚均来自莫哈斯坦，这两枚中的一枚源于瓦苏提婆时期，而另一枚则未明确说明属于哪一位国王。第三枚货币来自马尔达，源于瓦苏提婆时期。（班纳吉曾提到这些货币是银质的，但是这个区域已知的银币从没有来自于这个王朝的。）

这个列表的四个条目里，三个提到非铜铸币源于瓦苏提婆时期。金币和银币通过贸易从原产地流通出去，并且因为其价值属性可能流通得更远。所以我们可以明确得知，这些货币是通过交换流通方式流传到孟加拉的。此外，几乎无人认为瓦苏提婆的统治区域曾一度囊括了孟加拉。所以，仅仅因为一枚于重要的国际古港口塔姆卢克发现的铜币，就得出孟加拉曾在一段时间里属于贵霜王朝的结论，是不切合实际的。

以下即为由班纳吉给出的在奥里萨邦的发现列表：

（1）在马约巴哈尼地区的布汉吉卡发现的迦腻色伽和弗维色伽的铜币。（这个贮藏发现于1923年，里面包括一些普里—贵霜类型的货币。⑩）

（2）班纳吉在马约巴哈尼区发现了112枚贵霜王朝的铜币。（这些货币贮藏可能发现于1923年或1924年，但发现地并没有相关的记录。这些贮藏还包括170枚普里—贵霜类型的货币。⑪）

（3）贵霜货币是在马约巴哈尼地区的威亚特迦发掘现场发现的。（阿查里雅告诉我们，在发现的大量的普里—贵霜类型的货币中，仅有很少部分的贵霜货币。⑫）

（4）人们在西素帕勒格勒赫发现了迦腻色伽和弗维色伽的铜币。（两位国王各自都只有一枚货币是在发掘现场发现的，另有四枚都是普里—贵霜类型的货币。对于这些在偏下的地层中发现的货币，其发掘报告表明，它们都是公元300—350年的。⑬）

以上括号内的信息是我添加的。这些信息表明，从未有一枚从奥里萨邦发现的贵霜货币是独立于普里—贵霜类型的货币而存在的。在布汉吉卡贮藏中，有一些货币印有由公元4世纪的文字雕刻的铭文。⑭ 因此我们可以很清楚地得知，这些硬币并不是在这个时期之前储存在此的。西素帕勒格勒赫的挖掘报告表明，迦腻色伽的货币在被发现时已被磨损

---

⑩ 《印度考古调查年度报告》，1924—1925年，第130页。

⑪ 《印度考古调查年度报告》，1924—1925年，第132页。

⑫ 《印度货币学协会期刊》第2卷，第124页。

⑬ 《古印度》第5期，第97页。

⑭ 《大英博物馆货币目录之古印度》引言部分，第122卷。但班纳吉认为这些普里—贵霜类型的硬币可能是在公元6世纪时发行的。《比哈尔邦和奥里萨邦研究学会期刊》第5卷，第83－84页。

了，而弗维色伽货币则在ⅡB时期的上层，也即在公元2世纪末期则是保存完好的。⑮

从这些货币中我们可以很清楚地得知，在贵霜王朝已从北印度消失的这段时期，这些货币在奥里萨邦流通，这无疑说明了它们统治着这个区域。

现在我们再来谈谈比哈尔。班纳吉记录下了在这个省的三个发现。

(1) 一枚在贝瓦达迦发现的弗维色伽金币和一枚在兰锲区的卡拉塔那发现的迦腻色伽铜币。

(2) 在华氏城的发掘现场出土了两枚迦腻色伽铜币以及许多阎膏珍和弗维色伽时期的货币。（阿尔特卡尔最近发表了1912—1913年于华氏城发掘现场和布兰迪咖发现的货币列表。他给出的货币数量是，阎膏珍货币3枚、迦腻色伽货币12枚，以及弗维色伽货币30枚。⑯）

(3) 在毗舍离发现了大量的贵霜货币。

这个列表应该被添加到伯格萨尔的贮藏里，它是最近由阿尔特卡尔发表的，在此基础上，他还提出了贵霜曾王朝占领摩揭陀国的理论。

(4) 在伯格萨尔贮藏的铜币中，有23枚是阎膏珍货币，159枚是迦腻色伽货币，172枚是弗维色伽货币，38枚货币无法辨认，以及10枚公牛—公鸡类型的阿逾陀货币，这10枚阿逾陀货币即密多罗国王的货币。⑰

最后，我再补充一个发现。

(5) 1952年，住在查姆帕兰区班加里的葛尼沙·查乌比寄给了我一些他在他那个地方收集到的贵霜铜币。其中包括了一枚阎膏珍货币，其余的则都是弗维色伽货币。

在这些发现中，若它们被准确地分层记录，那么华氏城和毗舍离发

⑮ 《大英博物馆货币目录之古印度》引言部分，第122卷。但班纳吉认为这些普里—贵霜类型的硬币可能是在公元6世纪时发行的。《比哈尔邦和奥里萨邦研究学会期刊》第5卷，第98页。

⑯ 《印度货币学协会期刊》第13卷，第144-147页。

⑰ 《印度货币学协会期刊》第12卷，第121页。

掘的货币原本可以成为珍贵的证据。阿尔特卡尔指出，在库姆拉哈尔一带发现了大量的方形和圆形铸币。他总结道，这往往表明贵霜铜币的流通完全成功地取代了本地铸币。他认为这发生在大约公元75年。[⑱] 但是由于缺乏分层，因此尚缺乏肯定的证据来印证这个假设。正如我前面所指出的，从西素帕勒格勒赫出土的文物表明，贵霜货币流通的起始时间大约是公元200年。人们在那里也发现了铸币，这些铸币则表明，它们流通于公元50年到公元350年。9枚货币中的3枚货币都是在公元50—100年、在ⅡA时期的上层发现的。在ⅡB时期，即在公元100—125年也发现了同样数量的货币，而剩下的3枚则是在后期（沉积层），其时间可以定在公元200—350年。[⑲] 在ⅡB时期上层发现的弗维色伽货币，可确定其年份是公元200年。在憍赏弥的一个货币贮藏中也发现了流通于公元2世纪到公元3世纪的货币，其中包括方形铸币和摩伽人的货币，有些也有可能是摩揭陀国的货币，贵霜货币可能正源于这些铸币。然而，由于不知道这些发现所处的地层，我们无法确定在华氏城和毗舍离发掘现场的发现是否值得重视，也就不能确定它们的流通时期。

我们应该从伯格萨尔贮藏保持完好的角度来评价它。但此之前，我想将在北方邦东部发现的货币贮藏纳入其内：

（1）1908—1909年，在舍赫特·摩赫特的一个寺院的墓穴中，发现了105枚贵霜铜币，包括2枚迦腻色伽货币、2枚弗维色伽货币和96枚瓦苏提婆货币，剩下的都受到严重损坏。[⑳]

（2）1949—1950年，在阿扎姆加尔地区的宾得瓦尔村庄发现了100枚贵霜铜币，属于迦腻色伽货币和弗维色伽货币。[㉑]

（3）大约在1938年，在阿扎姆加尔地区的纳伊村一条河流的

---

⑱ 《印度货币学协会期刊》第12卷，第122－123页。

⑲ 见前引书，第97页。

⑳ 《印度考古调查年度报告》，1908—1909年，第35页。

㉑ 《印度货币学协会期刊》第12卷，第162页。

河岸处发现了一个贵霜货币贮藏，但没有任何记录。那个村庄的一个居民带给了我一些货币，这些货币表明这个贮藏包括迦腻色伽货币、弗维色伽货币，以及阿逾陀的公牛—公鸡类型货币。

（4）大约在1950年，在阿扎姆加尔地区的郊区希德哈利，人们在为建房而打地基并且修建一条沟渠时，发现了一个有着几百枚货币的大贮藏。这个贮藏也没有记录，但其中部分货币成为阿扎姆加尔的拉姆香卡尔·拉沃特收藏的一部分。大多数货币都是迦腻色伽货币和弗维色伽货币，也包括少数阿逾陀的公牛—公鸡类型的货币。

以上几个贮藏（三个来自阿扎姆加尔地区，一个来自舍赫特·摩赫特地区，一个来自伯格萨尔地区）中，至少有三个贮藏皆存在一个共同点，即贵霜货币是和公牛—公鸡类型的阿逾陀货币一同被发现的。这些阿逾陀货币在所有的贮藏货币中都相对稀少。根据货币学原理，它们是在贵霜货币之前抑或贵霜货币之后发行的。而阿尔特卡尔的观点是，阿逾陀的密多罗国王是在略晚于迦腻色伽和瓦苏提婆的时期发行的这些货币。他认为阿逾陀的密多罗国王的统治时期是公元2世纪，它们可能作为贵霜王朝的封臣统治属地，同时被允许发行货币。㉒

在2500年的历史中，印度有三个为人所熟知的王朝，即难陀—孔雀王朝、笈多王朝和莫卧儿王朝。难陀—孔雀王朝的货币制度（如“戳印”币）对货币学家来说仍然很神秘，但是我们对另外两个王朝还是很了解的。我们知道这些王朝的统治者们都不允许他们的封臣发行自己的货币，只有后期的莫卧儿国王在王朝衰落时期容许封臣私自铸造货币，但是从未有封臣敢在发行的货币上印上自己的名字。阿尔特卡尔本人也承认，笈多王朝的封臣们从未被允许铸造货币。㉓ 我很奇怪当时他怎么会认为贵霜王朝允许在阿逾陀统治的封臣发行自己的货币。即使我们假定他们确实允许阿逾陀封臣可以自己铸币，那为何我们在这些货币

㉒《印度货币学协会期刊》第12卷，第123页。
㉓《伐卡陀迦—笈多时代》，第41页，脚注2。

上找不到任何受贵霜王朝影响的痕迹呢？如果阿逾陀的封臣可以自己铸币，则自然可以推导出，他们自己的货币也就是地方币，将比贵霜货币流通得更广泛。在我们的时代，印度有许多处于英国统治之下的邦在自己的领土上发行自己的货币。我们可以将其与在贵霜王朝统治下的阿逾陀国的情形相类比。如今我们时常发现，在我们这个时代里的两个主要的可以由自己发行货币的邦——海得拉巴或瓜廖尔，他们自己的货币与英国货币同时流通，并且前者比后者那些英国霸主的货币流通更为广泛。因此，这些在阿逾陀国的中心发现的贮藏中的阿逾陀货币，数量上即使没有比贵霜货币多，也应该是足够多的。由于没有任何相关证据，所以认为贵霜王朝在密多罗国王统治期间曾统治了阿逾陀的可能性极低。

然而，我们可以假设，密多罗国王在贵霜王朝最繁盛之时，曾是贵霜王朝以前的封臣，在此期间他们没有发行自己的货币，但在贵霜王朝衰落时，也即当他们独立时，才开始发行自己的货币，这就能圆满地解释这些贮藏的构成。但我们缺少证据证明密多罗货币起源于贵霜王朝之后的时期。任何情况下都不可能晚于公元 2 世纪。有一个我们无法达成的共识，即密多罗货币在弗维色伽时期之后，随即在伯格萨尔国取代了贵霜货币，而且瓦苏提婆继续统治它们自己主要的镇——舍赫特·摩赫特镇，这种情形在各地发现的贮藏货币中都出现过。为了应对这个尴尬的局面，我们可以认为，密多罗人在比哈尔的崛起是建立在弗维色伽之后贵霜王朝的废墟之上，而在随后的瓦苏提婆时期，他们便占领了阿逾陀，但我们缺乏相关的证据。对阿逾陀和憍赏弥货币的研究以及对当地历史的重建都表明了阿逾陀的密多罗族是憍赏弥王朝的分支，这个民族只限于阿逾陀，且兴盛于基督时代的前两个世纪。

所以，目前尚无证据能够表明阿逾陀的密多罗国王和贵霜国王处于同一时代，或者是在他们之后的那个时代。根据货币学上的证据，我们认为他们比贵霜王朝更早出现，也就是在公元 2 世纪后期，贵霜货币才在密多罗货币后出现。我们可以从西素帕勒格勒赫发掘现场的证据中推导出这个颇具说服力的结论。

人们普遍认为迦腻色伽的崛起始于公元78年,[24] 直到这个国家最伟大的帝王去世之后，迦腻色伽王朝大约统治了这个国家100年。相应地，在公元2世纪末，北印度地区已不存在贵霜民族。上文提及的现有材料足以表明，在公元1世纪到公元2世纪的时间里，北方邦东部、比哈尔邦及奥里萨邦都未流通贵霜货币，这意味着贵霜王朝从未统治过这些地区，这部分领土开始流通货币则始于这个王朝衰落之时。

但可以指出的是，铜币通常不会在距离其流通地很远的地方出现，这也似乎可以表明，在公元2世纪和公元3世纪的后期贵霜民族才出现在这些地方。如上文所示，虽然关于贵霜曾存在于这些地方的铭文和雕塑证据仍然缺失，包括西藏史料在内的中国史料也表明贵霜曾占领了北方邦东部和摩揭陀国，他们记录了迦腻色伽与萨基特及华氏城的战争。如果确实如此，那么人们所公认的迦腻色伽的崛起时间是公元78年的这个事实，就必须在这些证据的基础上进行重新审视。有人认为迦腻色伽的统治是在公元2世纪，也有学者指出，贵霜王朝的衰落主要是由于萨珊王朝的入侵。据说萨珊王朝国王沙普尔一世（公元241—272年）曾征服过贵霜。最新的研究表明，沙普尔一世入侵的时间与瓦苏提婆最后的统治时间有所重合，而这个时间是在公元241年到公元250年。因此，迦腻色伽统治开始的时间应该是在公元142年。[25] 格希什曼根据他自己在贝格拉姆发掘现场的材料推断，迦腻色伽崛起于公元144年。[26] 马歇尔则根据他在呾叉始罗（今又名塔克希拉）发掘现场的经历，赞同贵霜王朝崛起的时间是公元2世纪。根据这些我们得知，以上从货币学得出的结论极具价值，这让我们不得不重新审视关于迦腻色伽崛起的时间。

如果你认为货币学的证据还不够确凿，仍旧支持迦腻色伽统治始于公元78年的传统观点的话，那么我们就必须解释在其统治时期，贵霜

㉔ 这种观点并不正确，在下文可看到，第55页及其后。

㉕ 马宗达:《古印度》，第129页。

㉖ 贝格拉姆:《科珊人的考古和历史研究》，第109-184页。

货币为何会出现在他们的领土之外，以及为何会在贵霜王朝不复存在的情况下仍然有他们的货币流通。这些异常的现象并不会令人意外，因为可能是因为后贵霜时期经济发展的需求而出现这种情况。

笈多铜币极其罕见，笈多银币也仅局限于印度西部和中部地区，而货币开始流行于旃陀罗笈多二世时期，也即公元 4 世纪末期。而此时“戳印”币则已经过时很久了。贵霜王朝也没有发行银币，由于中下级阶级的人群只需要一些小额货币来满足自身的日常需要，因此笈多王朝的金币已无法满足这种需求。而几个世纪以来有关笈多王朝崛起之前，比哈尔的政权情况和阿逾陀的密多罗族衰落之后的北方邦东部的政权情况，我们则知之甚少。由于它们自己没有铸币，因此其在公元 2 世纪和公元 3 世纪甚至之后的时间里，当时在邻近地区——曲女城和马图拉流通贵霜铜币的可能性极大。这些货币极有可能通过贸易的方式，渗入并传播至比哈尔和奥里萨邦地区，甚至还传播到了遥远的地方，这超越它们原本流通领域之外，这些铜币在那里一直流通了很长时间。

当货币无法满足需求时，这似乎意味着仿制币将要在各地出现了。在这些仿制币中，在奥里萨邦和比哈尔发现了大量的普里—贵霜类型的仿制币，为人们所熟知。甚至在马图拉发行的仿制币的正面印有贵霜国王的肖像，背面则有着平行线的图样。最近，我有幸亲见一位马图拉的古货经销商所贩卖的很多这样的货币。阿尔特卡尔发现了另一种类型的来自憍赏弥的贵霜货币仿制币，他推测这些货币是由一些当地贵霜统治者发行的。[27] 我们可以通过在这个地方不仅发现了阎膏珍、迦腻色伽、弗维色伽及瓦苏提婆时期的货币，还在旁遮普发现了背面印有幸运女神阿道克狩的后贵霜时期的为数不多的货币，来印证贵霜货币在贵霜王朝灭亡后还继续且长时间在其领土之外的地区流通的事实。我不仅有幸在瓦拉纳西市场看到了这种货币，而且还得到了几枚作为个人收藏。

有人可能会反驳这个说法，认为如果贵霜货币可以通过贸易流向这个地方，那为何它们没有流向中央邦和马哈拉施特拉地区呢？波罗阿克应该

---

[27] 《印度货币学协会期刊》第 8 卷，第 10 页。

有很多这种货币。为什么印度—希腊和印度—斯基泰货币没有通过贸易的方式流向比哈尔呢？其实这些问题都不难回答。我们审视现在的时代，可以得知瓜廖尔货币流通到了马图拉和伊塔尔西地区，但海得拉巴货币却并没有在他自已的区域之外找到。如果在这个无须考虑时间和距离的时代尚且如此的话，那么在交通落后的古代，应当会有更多这样的例子。所以，如果贵霜货币没有出现在马哈拉施特拉和中央邦地区，或在比哈尔没有出现印度—希腊和印度—斯基泰货币，也就不足以为奇了。

然而，在马哈拉施特拉—古吉拉特地区，人们也并非完全对贵霜货币一无所知。来自孟买的维多利亚和阿尔伯特博物馆的邬波驮耶收购了在那里发现的迦腻色伽/弗维色伽和瓦苏提婆的货币。在古吉拉特邦的卡梵则发现了一枚阎膏珍货币。[28] 不幸的是我们缺少这些货币的详细信息。许多被发现的贮藏货币还未进入学者们的视线就直接被送进了熔炉。如果我们更重视对这些贵霜货币的研究，那么就可能会有更多的像在西海岸发现贵霜货币的案例。

只有在货币不足和必要时，人们才有可能从另一个地区引进货币。各地“诸侯”们在印度中部和西部以及萨塔瓦哈那发行银币，而且当地的铜币很早就在当地持续流通了，这些铜币还能充分满足他们的需求，他们自然不需要任何外来货币。因此，即使在这里没有找到大量的贵霜货币也不足为奇，尽管也有零星发现。同样地，印度—希腊和印度—斯基泰货币也在这里被发现，它们在这个国家拥有大量“戳印”币的时候流通。比哈尔无任何必要引进外国货币，即使是在比哈尔货币短缺的时候，也未从离比哈尔很远的旁遮普引进印度—希腊和印度—斯基泰货币。而马哈拉施特拉和中央邦也离贵霜领土很远，它们也不会有贵霜货币。只有在邻近领土之间，人们才会在需要时引进外国货币。

贵霜货币在东部的广泛分布极有可能是由后贵霜时期的经济需求所致，它们在那里存在并不能说明贵霜曾越过曲女城的东区进行过政治扩张。

---

[28] 《印度货币学协会期刊》第13卷，第221页。

第二章 东印度贵霜货币的年代*

阿尔特卡尔公布了一批来自伯格萨尔贮藏里的贵霜货币，基于这个证据，他认为贵霜王朝曾在摩揭陀国早期的王朝历史中占领了这个国家。[①] 班纳吉为了佐证他的观点，编制了一长串在印度东部发现的贵霜货币的列表，并辅以一张贵霜王朝时期在这个地方的碑文材料和艺术文物的列表。[②] 他认为北方邦、比哈尔邦，可能还有在孟加拉的恒河三角洲，以及奥里萨邦都曾在一段时间内属于迦腻色伽帝国。

根据印度货币学理论，铜币超出了它们的流通领土之外时，通常不会流通太远，这似乎初步证实了这些学者的观点。但是这些观点很难在重构历史的基础上推断得出，并且也缺少其他不同来源的资料支撑，所以他们需要一个公允、审慎的研究，因此还要对这一结论进行严格的审视。

班纳吉给出了以下在孟加拉发现的货币列表：

（1）一枚1882年在米德那浦尔区的塔姆卢克发现的迦腻色伽铜币。

---

* 本文最初发表于1953年的《印度货币学协会期刊》第15卷2，第178－184页。

① 《印度货币学协会期刊》第12卷，第121页。

② 《印度货币学协会期刊》第13卷，第107页；《印度历史季刊》第27卷，第294－303页。

(2) 一枚在穆尔希达巴德地区发现的瓦苏提婆普通金属货币。

(3) 一枚于1909年在博格拉地区发现的瓦苏提婆金币。

(4) 三枚来自北孟加拉的贵霜货币。其中两枚均来自莫哈斯坦，这两枚中的一枚属于瓦苏提婆时期，而另一枚则未明确分配给哪一位国王。第三枚货币皆来自马尔达，并属于瓦苏提婆时期。(班纳吉曾提到这些货币是银质货币，但在这个地方从未发现过这个王朝的银币，其他地方的贵霜银币很有可能都是伪造的。)③

在上述列表的四个条目里，就有三个是非铜铸币，且这些铸币源于瓦苏提婆时期。金币和银币可能是通过贸易的方式流通到相距原产地甚远的地方。所以我们很可能得出它们是通过贸易的方式流向孟加拉的结论。此外，几乎没有学者认为瓦苏提婆曾统治过这个国家的这些区域。所以，我们仅有一枚在古代重要国际港口——塔姆卢克发现的迦腻色伽铜币。仅仅根据这一枚货币就判定贵霜王朝曾在一段较短时间里统治过孟加拉，似乎缺乏有力的证据。

下一个列表是由班纳吉给出的奥里萨邦的发现：

(1) 在马约巴哈尼地区的布汉吉卡发现的迦腻色伽和弗维色伽的铜币。(这个贮藏是在1923年发现的，其中有些货币属于普里—贵霜类型。④)

(2) 班纳吉在马约巴哈尼区发现的112枚贵霜王朝的铜币。(这些贮藏的货币是在1923年或1924年发现的，但是并无与发现地相关的记录。贮藏中还包括170枚普里—贵霜类型的货币。⑤)

(3) 在马约巴哈尼地区的威亚特迦发掘现场发现了贵霜货币。(阿查里雅告诉我们，在发现的大量普里—贵霜类型的货币中，只有很少部分是贵霜货币。⑥)

---

③ 《印度货币学协会期刊》第14卷，第34页及其后。
④ 《印度考古调查年度报告》，1924—1925年，第130页。
⑤ 《印度考古调查年度报告》，第132页。
⑥ 《印度货币学协会期刊》第2卷，第124页。

(4) 在西素帕勒格勒赫发现了迦腻色伽和弗维色伽的铜币。(除两位国王货币各有一枚是在发掘现场发现的之外，还有4枚都是普里—贵霜类型的货币。这些货币的挖掘报告指向公元200—350年的上层。⑦)

括号内的这些信息是我添加的，不是班纳吉发布的。它们足以表明，贵霜货币并非单独在奥里萨邦被发现，而是和普里—贵霜类型的货币一同被发现。在布汉吉卡贮藏中，有一些用公元4世纪文字雕刻的铭文的货币。⑧ 因此我们可以清楚地得知，西素帕勒格勒赫的发掘报告表明，在下面的非成层中的迦腻色伽货币在被发现时已磨损，而在Ⅱ B时期的上层的弗维色伽货币则保存完好，这部分货币源于公元2世纪末期。⑨

这也恰恰表明了，在贵霜王朝从北印度消失的这个时期，贵霜货币曾在奥里萨邦流通。这无疑证明了王朝当时曾统治过该区域。

班纳吉记录下了在比哈尔邦的三个发现：

(1) 一枚在贝瓦达迦·塔那发现的弗维色伽金币和一枚在兰契区的卡拉塔那发现的迦腻色伽铜币。

(2) 华氏城的发掘现场出土了2枚迦腻色伽铜币及许多阎膏珍和弗维色伽时期的货币。(阿尔特卡尔最近公布了1912—1913年在库姆拉哈尔和邻近巴特那的布兰迪巴格挖发掘现场发现的货币列表。他给出的货币数量是，3枚阎膏珍货币、12枚迦腻色伽货币，以及30枚弗维色伽货币。⑩)

(3) 在毗舍离发现了大量贵霜货币。

阿尔特卡尔曾发表的伯格萨尔贮藏应加入到这个列表，来表明贵霜王朝曾占领过摩揭陀国。

---

⑦ 《古印度》第5期，第97页。

⑧ 《大英博物馆货币目录之古印度》引言部分，第112页。班纳吉认为这些普里—贵霜类型的硬币可能是在公元6世纪时发行的。(《比哈尔邦和奥里萨邦研究学会期刊》第1卷，第83-84页。)

⑨ 《古印度》第5期，第98页。

⑩ 《印度货币学协会期刊》第13卷，第144-147页。

(4) 伯格萨尔贮藏中的铜币包括了23枚阎膏珍货币、159枚迦腻色伽货币、172枚弗维色伽货币、38枚货币无法辨认，以及10枚公牛—公鸡类型的阿逾陀（憍萨罗国）货币。[⑪]

我还了解到这个地方有另一个发现。

(5) 1952年，住在查姆帕兰区班加里的葛尼沙查乌比寄给了我一些他在他那个地方收集到的贵霜铜币。其中有一枚是阎膏珍货币，其他的则都是弗维色伽货币。

在这些发现中，对于在华氏城和毗舍离的发掘现场发现的货币，若得到正确的分层记录，这些货币原本有可能成为珍贵的证据。据阿尔特卡尔所指出的，在库姆拉哈尔发掘现场发现了大量的方形和圆形铸币。他总结道，这往往表明贵霜铜币的流通十分成功，完全取代了本地铸的铜币。他认为，这发生在公元75年。[⑫] 但是由于缺乏分层信息，至今尚缺乏合理的证据来印证这个假设。我在上文指出，西素帕勒格勒赫发掘现场出土的贵霜货币流通的时间大概是公元200年。人们同时也在那里发现了铸币，认为铸币的流通时间是从公元前50年到公元350年。9枚货币中的3枚都是在公元50—100年，并且在ⅡA时期的上层被发现的。在ⅡB时期早期也发现了相同数量的货币，而其年份在公元100—125年，至于剩下的钱币发现于之后的沉积层，则在公元200—350年。[⑬] 在ⅡB上层发现的弗维色伽货币，可确定其年份是在公元200年。最近，一个资深的货币收藏家布拉杰·莫汉·维亚斯在憍赏弥附近发现了在公元2世纪到公元3世纪还一直持续流通的铸币。它们包括7枚方形货币和超过1000枚[⑭]摩伽族的货币，它们曾在公元2世纪到公元3世纪统治了憍赏弥。因此，像在西素帕勒格勒赫和憍赏弥一样，铸币在公元2世纪和公元3世纪还一直在摩揭陀国持续流通。贵霜货币可能就像

⑪ 《印度货币学协会期刊》第12卷，第121页。

⑫ 《印度货币学协会期刊》，第12-23页。

⑬ 《古印度》第5期，第97页。

⑭ 《印度货币学协会期刊》第28卷，第47页。

在奥里萨邦一样，紧随其后出现。然而，由于缺少这些发现所处的地层的明确信息，我们无法确定华氏城和毗舍离发掘现场发现的价值，也就不能确定它们的流通时期。

伯格萨尔的货币贮藏地因为保存完好而价值非凡。在此之前，我想把在北方邦东部发现的货币贮藏加入这个列表，而班纳吉并未给出任何这样的列表。他的列表中包含了两份在巴斯蒂地区发现的贵霜货币的资料。这两枚货币是在其他古物中找到的，除了表明它们曾在那个地区流通，并无其他特别的作用。但我知道于此地曾经发现了下列货币贮藏：

（1）1908—1909 年，在舍赫特·摩赫特的一个寺院的墓穴中发现了 105 枚贵霜铜币。有 2 枚迦腻色伽货币、2 枚弗维色伽货币和 96 枚瓦苏提婆货币，剩下的则都被严重损坏了。[15]

（2）1949—1950 年，在阿扎姆加尔地区的宾得瓦尔村发现了 100 枚贵霜铜币，货币代表的国王主要是迦腻色伽和弗维色伽。[16]

（3）大概在 1938 年，在阿扎姆加尔地区的纳伊村的河床边发现了一个贵霜铜币的贮藏。那个村庄的一位居民向我展示了这个贮藏里的一些货币，这些货币表明了这个贮藏有迦腻色伽货币、弗维色伽货币及阿逾陀的公牛—公鸡类型货币。

（4）大约在 1950 年，在阿扎姆加尔地区的希德哈利，人们在为房子打地基而修建一条沟渠时发现了一个有着几百枚货币的大贮藏，其中有一部分货币被阿扎姆加尔的拉姆香卡尔·拉沃特收藏。其中大多数都是迦腻色伽和弗维色伽货币，还有阿逾陀的公牛—公鸡类型货币。

以上列出的发现，至少有三个发现都有一个共同点，即贵霜货币是和公牛—公鸡类型的阿逾陀货币一起被发现的。这些阿逾陀货币在所有贮藏货币中都相对较少。根据货币学理论，这些阿逾陀货币是在贵霜货

---

⑮ 《印度考古调查年度报告》，1908—1909 年，第 35 页。

⑯ 《印度货币学协会期刊》第 11 卷，第 162 页。

币之前或之后发行的。阿尔特卡尔的观点是，阿逾陀的密多罗国王们（他们发行了公牛—公鸡类型的货币）最有可能是在略晚于迦腻色伽和瓦苏提婆的时期。⑰ 他认为，它们是在公元2世纪，并且认为他们作为贵霜的封臣被允许发行自己的货币，但这个说法还需要仔细斟酌。

在2500年的历史中，印度有三个为人所熟知的帝国，即难陀—孔雀王朝、笈多王朝和莫卧儿王朝。难陀—孔雀王朝的货币制造（如“戳印”币）对货币学家而言仍然很神秘，但我们了解另外两个王朝货币。我们知道不止一个关于这些王朝的统治者们允许他们的封臣发行自己货币的例子。后期的莫卧儿国王，其在王朝衰落时期容忍了封臣自己铸造货币，但是从未有封臣敢在发行的货币上印上自己的名字。阿尔特卡尔本人也承认，笈多王朝的封臣们从来没有被允许铸造货币。⑱ 我很奇怪当时他怎么会认为贵霜允许在阿逾陀统治的封臣发行自己的货币的。但即使我们假定他们确实允许阿逾陀封臣自己铸币，那为何我们却找不到任何贵霜对这些货币的影响的痕迹呢？如果阿逾陀的封臣可以自己铸币，并且该铸币与王朝货币同时发行，那么可想而知，他们自己的货币，也就是当地货币将比贵霜货币流通得更多。在我们现今的时代里，我们有许多主要的邦处于英国的统治之下，它们在自己的领土上发行自己的货币。我们可以将其与在贵霜王朝统治下的阿逾陀国的情形进行类比。海得拉巴和瓜廖尔就是主要的两个可发行自己货币的省份。在它们的领土上，其货币和英国的货币都在流通，但它们的货币比英国货币流通得更多。同样，在位于王朝中心附近的阿扎姆加尔发现的上述贮藏中的阿逾陀货币也应该比贵霜货币要多。但实际上并非如此。关于贵霜王朝在密多罗国王统治期间统治了阿逾陀的说法，这仅仅是一个猜想而已。

我们不妨假设阿逾陀的密多罗国王们是贵霜王朝以前的封臣，而且在那段时间里他们没有发行自己的货币，在贵霜王朝衰落后他们才开始

---

⑰ 《印度货币学协会期刊》第12卷，第123页。

⑱ 《伐卡陀迦—笈多时代》，第41页，脚注2。

发行自己的货币。这就能解释这些贮藏的构成。但我们缺乏证据来证明密多罗货币源于贵霜王朝之后的时期。无论如何其货币起源不可能晚于公元 2 世纪。

目前尚不能确定阿逾陀的密多罗和贵霜王朝统治者在同一个时期还是在其之后的时期。从伯格萨尔和舍赫特·摩赫特贮藏中，我们可以顺理成章地得出一个结论，即贵霜货币最早是在公元 2 世纪末期紧随密多罗货币出现的。

很显然，贵霜货币于公元 2 世纪末期之前就流通于北方邦东部、比哈尔邦和奥里萨邦地区的可能性很小。

贵霜王朝崛起的时间或者说关于迦腻色伽的断代，是印度年表中一个最为棘手的问题。大多数学者认为他的即位时间应定在公元 78 年，如果这个日期得到认可，那么我们便可以确定，公元 178 年，当迦腻色伽去世后，该王朝的四位统治者的统治期不超过 100 年。如果到公元 2 世纪为止，都没有贵霜王朝的任何记录的话，在贵霜王朝已经灭亡之后，我们没有任何证据证明贵霜货币在它曾经统治过的领土上流通，这是一种不同寻常的现象，我们需要一些有说服力的解释。

如果考虑到后贵霜时期的经济需求这一理由，那这个不同寻常的现象便可以得到解释了。笈多铜币非常罕见，笈多银币也只局限于印度西部和中部地区，并且这些货币主要是在旃陀罗笈多二世时期，即公元 4 世纪末期才开始流行的。而此时“戳印”币已过时很久了。贵霜王朝没发行过银币。笈多王朝的金币已经无法满足中下阶级人们日常的需求。他们需要小额货币来满足自身日常需求。而对于在笈多王朝崛起之前的 3 个世纪中，比哈尔邦的政治情况以及在阿逾陀的密多罗族衰落之后的北方邦东部的政治情况，我们知之甚少。在公元 3 世纪或甚至以后的时间里，当人们没有或缺少自己所在地区的货币时，很有可能就是用了当时在邻近地区——曲女城和马图拉流通的贵霜铜币，而这些货币通过贸易的方式流通或传播到自己领土之外的地方——比哈尔邦和奥里萨邦。在那里，这些货币流通了很长一段时间。

当这些货币无法满足人们的需求时，人们便在各地发行仿制币。这些仿制币中，普里—贵霜类型的货币最为人所知，在奥里萨邦和比哈尔邦发现了大量的普里—贵霜类型的仿制币。在马图拉发行的仿制币上，正面印有贵霜风格的国王肖像。在一次偶然的机会，我看到了一位马图拉的古物经销商贩卖这种货币，数量众多。阿尔特卡尔发表了另一种类型的贵霜仿制币，同时他认为这是由贵霜王朝当地的统治者发行的。[19]这个地方不仅出土了阎膏珍、迦腻色伽、弗维色伽及瓦苏提婆时期的货币，还发现了背面印有幸运女神——阿道克狩的后贵霜时期的旁遮普货币，通过该地的发现，我们能够印证：贵霜货币仍在它们的领土之外流通，甚至在贵霜王朝灭亡很久之后还在流通。这种货币偶尔会在瓦拉纳西地区出现。

人们很有可能会争论，如果贵霜货币可以通过贸易流向这个地方，那为什么没有以贸易的方式流向中央邦、马哈拉施特拉及古吉拉特邦地区？波罗阿克应该有很多这种货币才对。为什么印度—希腊和印度—斯基泰货币没有通过贸易的方式流向比哈尔邦呢？这些问题都不难回答。在当代，瓜廖尔货币在很远的地方流通，其一边远至马图拉，一边远达伊塔尔西，但是我们并没有在海得拉巴以外的地区找到海得拉巴货币。如果在这个无须考虑时间和距离的时代尚且如此的话，那在条件不足的古代，应该还有会更多这样的例子。

如果贵霜货币从未出现在中央邦、马哈拉施特拉和古吉拉特邦，或在比哈尔邦从未出现印度—希腊和印度—斯基泰货币，这也并不足为奇。在古吉拉特邦地区，贵霜货币也并非完全无人知晓。来自孟买的维多利亚和阿尔伯特博物馆的郇波驮耶采购了在那里发现的迦腻色伽、弗维色伽和瓦苏提婆货币。在古吉拉特邦的卡万发现了一枚阎膏珍货币。[20] 不幸的是我们缺少这些货币的详细信息。许多被发现的贮藏货币还未曾进入学者们的视线就直接被送进了熔炉。如果我们能够合理调查

---

⑲ 《印度货币学协会期刊》第 8 卷，第 10 页。

⑳ 《印度货币学协会期刊》第 13 卷，第 221 页。

这些贮藏，就可能会出现更多发现贵霜货币的例子。

毋庸置疑，只有在货币不足和必要时才有可能从另一片领土上进口货币。“郡守”和笈多家族在印度中部和西部发行货币，而且萨塔瓦哈那王货币和当地的铜币很早就在当地持续流通了。它们能够充分满足需求，所以自然而然人们就不需要任何外来货币。如果没有在这里发现任何数量可观的贵霜货币也并不令人惊讶。同样地，当这个国家拥有大量“戳印”币的时候，印度—希腊和印度—斯基泰货币也在流通。比哈尔邦无任何必要引进外国货币。即使是在比哈尔货币短缺的时候，也没有从离比哈尔很远的旁遮普引进印度—希腊和印度—斯基泰货币。只有在邻近领土之间，人们才会在需要时引进外来货币。

贵霜货币在北方邦东部，比哈尔邦以及奥里萨邦广泛扩散，可能是为了满足后贵霜时期人们的经济需求，并不能表明贵霜王朝向东部的政治扩张超过了曲女城。

第三章
黄金护身符和贵霜王朝历史*

位于巴特那城萨达舍离的发掘现场，在一条有趣的黄金护身符和一枚弗维色伽时期贵霜货币的仿制币被发现时，阿尔特卡尔再次提起了贵霜王朝统治比哈尔邦的问题。① 并且他还提到了另一条由坎宁安于19世纪发现的，被埋在菩提伽耶的金刚座下的相似护身符。②

他认为，贵霜金币在比哈尔邦十分常见，以至于那里的女士们看中了一些类型的货币之后，便命令金匠将它们制作成吊坠或护身符之类的仿制币。但若货币仅仅通过商业流通过来的话，这种情况绝不可能发生。③

某种特定货币在某一特定区域广泛流通，无疑表明了该货币的发行者对其所在地的统治权。但很多时候，这个结论并不正确。货币以贸易的方式从国外流进本国，这在我们国家是寻常可见的。由于对这些货币很着迷，人们便开始把它们作为吊坠或用金属和黏土制作这些货币仿制品。

---

* 本文最初发表于1959年的《印度货币学协会期刊》第21卷2，第188－193页。

① 《印度货币学协会期刊》第20卷，第1－3页。

② 坎宁安：《摩诃菩提》第25卷，17页。

③ 见前引书，第3页。

这个国家的西南部有丰富的罗马货币，并且它们在基督纪元之初就开始流通。但罗马人从未以统治者的身份进入这片土地。然而，罗马货币还是受到了这个国家人民的喜爱，而且正如那两枚贵霜仿制币一样，他们开始用金属和黏土制作有两个孔的仿制币。

在龙树山第6号佛塔文物当中，有两枚很小的、货币样金圆牌，这两枚圆牌太薄了，无法充当货币。这两枚圆牌的顶部都有两个孔，不难看出它们是被当作吊坠来使用的。其中一枚印着一个女人的肖像，另一枚则印着一个年轻男人的肖像，这两枚圆牌上的肖像明显受到了罗马风格的影响。④

像这样的罗马货币的黏土仿制币，在印度很多地方都有，如西素帕勒格勒赫、⑤ 圣雄甘地墓（瓦拉纳西）⑥、憍赏弥⑦、加尔（乌贾因附近）⑧、卡拉德（萨塔拉地区）⑨、布拉玛朴里（戈尔哈布尔）⑩、孔达布尔⑪，以及昌德拉瓦利（迈索尔）⑫。其中，有些地方并没有流通罗马货币。

同样地，威尼斯的货币和金属也是以贸易的方式在公元14世纪的时候传入印度，并且出于同样的目的，人们也将它们制成了仿制币。在古吉拉特邦的凯拉地区发现了印度制作这些仿制币的币模。⑬ 在马德拉斯博物馆有一个有趣的黄金仿制币。⑭ 威尔士亲王博物馆拥有十几枚带环的黄铜仿制币。直到1882年的孟买，金属仿制币才普遍被用作装饰，很大一部分中下阶级的女士将其佩戴于颈部。这些仿制币得到大量生

---

④ 《龙树山的佛教文物》，第21－22页。

⑤ 《古印度》第5期，第101页。

⑥ 《印度货币学协会期刊》第3卷，第77页；第5卷，第17－19页。

⑦ 存放于安拉阿巴德博物馆，未发行。

⑧ 《考古部门报告》，瓜廖尔邦，1938—1939年，第18页，第28卷b。

⑨ 《卡拉德勘探》，第30页，第13卷c和d。

⑩ 《布拉玛朴里挖掘》，1945—1946年，第26卷B。

⑪ 《班达伽东方研究所史册》第22卷，第179－180页，第13卷b。

⑫ 《迈索尔考古学部门年度报告的补充》，1929年，第29页。

⑬ 《印度古文物研究者》第2卷，第213页。

⑭ 《马德拉斯政府博物馆的威尼斯货币目录》，第4－5页。

产，但其质量通常十分低劣。⑮

同样，贵霜的护身符也是如此。我不知道阿尔特卡尔会从这些罗马货币、威尼斯货币和它们的仿制币中得出怎样的结论。但是可以确定的是，它们动摇了贵霜王朝曾统治过比哈尔邦的理论。

在巴特那和菩提迦耶发现的贵霜吊坠本身表明，贵霜金币在那个地方十分稀少，但如果比哈尔邦在贵霜王朝的统治之下，那情况就不应如此。正如我们在罗马货币例子中所发现的，只有少数富人才能得到这些金币，而在如此有限的数量当中，他们是不会把货币作为吊坠使用的。正是这些货币的稀有或短缺才吸引着人们，而众所周知，越稀有的东西往往越吸引富人。

⑮ 《马德拉斯政府博物馆的威尼斯货币目录》，第4页。

第四章
迦腻色伽时期*

贵霜王朝存在的时期介于孔雀王朝的衰落和笈多王朝的崛起之间。

孔雀王朝在大约公元前 184 年，于补沙密多罗·巽伽政变后开始衰落。即使王朝不是在阿育王死后（大约公元前 232 年）就立即瓦解，也有可能在早些时候便开始衰落了。在我看来，在大约公元前 208 年或公元前 204 年孔雀王朝舍利输迦统治时期，随着巴克特里亚的希腊人从帝国西北方进入后，大多数孔雀王朝的省份都渐渐独立了。但着眼于当前讨论的目的，可接受大约公元前 215 年这个更早的年份。

笈多王朝的扩张始于沙摩陀罗笈多的成功远征，并且基本可以确定是在大约公元 350 年。

我们主要的问题是想确定贵霜王朝这 100 年的统治时期，是属于从孔雀王朝（公元前 215 年）衰落到笈多王朝（公元 350 年）崛起这 565 年的政治年表中的哪一部分。一旦我们能建立一个这个时期的政治年表，并准确地确定贵霜王朝的统治时期，那就不难确定迦腻色伽时代的时间了。

---

* 最早是在 1960 年伦敦大学东方及非洲研究学院组织的关于迦腻色伽时期的研讨会上提出的。《迦腻色伽时期的研究》巴沙姆编，莱顿，1968 年，第 114－120 页。

在贵霜王朝中心各地发现的货币足以表明，马图拉、憍赏弥、阿逾陀及阿蓝车多罗这四个国家是在孔雀王朝的废墟上崛起的。同时还表明，他们的统治时期长久且和平。所以一般而言，贵霜王朝在这些领土上的政治年表时间，只能是那些王朝衰亡之后。很有可能贵霜王朝促使了这些王朝的衰亡。但到目前为止，没有任何人关注过恒河平原的后孔雀王朝的这段历史。

马图拉是迦腻色伽和他的继承者的大本营，所以它首先引起了我的关注，在那里及附近发现的地方统治者发行的货币，揭示了在孔雀王朝衰落后在马图拉崛起的王国至少有20位统治者：包括古密多罗①、苏利耶密多罗②、梵天密多罗③、杜茹瓦密多罗④、迪哈密多罗⑤、毗湿奴密多罗⑥、塞萨达塔⑦、普鲁沙达塔⑧、乌塔玛达塔⑨、罗摩达塔⑩、伽摩达塔⑪、布哈瓦达塔⑫、巴拉布蒂⑬、大诸侯拉鸠威鲁亚⑭、大诸侯苏达萨⑮、诸侯陀兰那达萨⑯、诸侯哈贾纳⑰、诸侯哈加马萨⑱、诸侯湿婆达

① 《大英博物馆货币目录之古印度》，第169页。

② 《大英博物馆货币目录之古印度》，第174页。

③ 《大英博物馆货币目录之古印度》，第173页。

④ 《赖加尔的发掘》，第68页。

⑤ 《大英博物馆货币目录之古印度》，第174页。

⑥ 《大英博物馆货币目录之古印度》，第175页。

⑦ 《大英博物馆货币目录之古印度》，第174页，引言，第110页。

⑧ 《大英博物馆货币目录之古印度》，第176页。

⑨ 《大英博物馆货币目录之古印度》，第177页。

⑩ 《大英博物馆货币目录之古印度》，第179页。

⑪ 《大英博物馆货币目录之古印度》，第182页。

⑫ 《印度钱币纪事》，第193页；《大英博物馆货币目录之古印度》引言部分，第111页。

⑬ 《大英博物馆货币目录之古印度》，第178页。

⑭ 《大英博物馆货币目录之古印度》，第185页。

⑮ 《大英博物馆货币目录之古印度》，第190页。

⑯ 《大英博物馆货币目录之古印度》，引言部分，第112页。

⑰ 未公布，存放于孟买的威尔士亲王博物馆展览厅里，他那些与哈加马萨联合发表的货币很有名（《大英博物馆货币目录之古印度》，第184页）。

⑱ 《大英博物馆货币目录之古印度》，第183页。

塔[19]，以及诸侯湿婆妙音[20]。

我们不需要知道年表里这些统治者的具体时间，因为这已足够说明所有货币之间都存在密切关联。即使是大诸侯拉鸠威鲁亚和其继承者的货币也保留了达塔统治者的货币类型，这说明这20位统治者是连续统治下来的。如果我们假设每一位统治者[21]的统治时间是18年，那这20位统治者在贵霜王朝或其他统治者进入马图拉之前，则至少统治了360年。

古密多罗货币的古文字表明，它们是这个王国最早发行的货币，并且一直持续到公元前3世纪末期。如果马图拉王国在孔雀王朝衰落之后（大约公元前215年）马上建立的话，这些统治者则至少统治到公元145年。只有在他们之后才是贵霜王朝最早进入马图拉的时间。

在古代跋蹉国的都城憍赏弥，发现了一些刻着迦腻色伽早期的币文的佛像。这些币文被认为是贵霜王朝统治着这个国家的象征。挖掘工作正在这个古老的地方进行。发掘现场的具体细节还没有公布，但一份挖掘者的关于1949—1950年的简单笔记已经呈现在我们面前。[22] 据此笔记，较低层（4～7层）发现了名字以密多罗结尾的当地统治者发行的货币。在第3层和随后的地层中发现了另一种货币，它们来自另一个当地王朝，名字以摩伽结尾。除摩伽货币外，在第3层还发现了贵霜货币，并且似乎只有这层才有贵霜货币。所以我们从这些数据可以顺理成章地推断出，贵霜货币恰恰是在密多罗统治结束，而摩伽族开始他们的统治期间内进入憍赏弥的。但这些贵霜货币决不能表明贵霜王朝曾占领过这个国家，一个很简单的原因就是，摩伽货币在接下来的地层中仍然出现，而贵霜货币却明显没有了。这些贵霜货币可能是漂流物。尽管如此，这些贵霜货币对确定贵霜王朝的时期仍是具有价值的。

---

⑲ 《大英博物馆货币目录之古印度》，第183页。

⑳ 《大英博物馆货币目录之古印度》，引言部分，第112页。

㉑ 在印度历史上，各王朝的各代统治时间平均为21年到31年。只有一两个朝代的统治时间平均少于20年。通过这种方式，计算出可接受的更短的平均年份为18年。

㉒ 《年度书目》，1949—1955年，第36－44页。

在憍赏弥发现了前摩伽时期的至少19位密多罗统治者统治期间流通的货币。这19位统治者分别是瓦鸣[23]、马鸣[24]、钵伐多[25]、因陀罗提婆[26]、苏提婆[27]、密多罗[28]、拉达密多罗[29]、阿耆尼密多罗[30]、耶瑟莎密多罗[31]、毗诃跋提密多罗[32]、苏拉密多罗[33]、伐楼拿密多罗[34]、波塔密多罗[35]、萨尔帕密多罗[36]、普拉贾巴蒂密多罗[37]、萨提亚密多罗[38]、拉贾密多罗[39]、拉贾尼密多罗[40]，以及提婆密多罗[41]。

从憍赏弥的铭文中我们又得知了一位统治者——湿婆密多罗[42]。这20位统治者统治了大约360年。

在史学上，瓦鸣和马鸣货币是最早的货币，它们可能出现在公元前3世纪后期。如果它们在公元前215年孔雀王朝后出现，那么便意味着这20位统治者将统治到公元145年，而此后，摩伽便紧接着崛起。这表明发现贵霜货币的第3层的时间应该晚于公元145年。

如果从另一个视角来审视这个挖掘地的发现，那么这个甘恩德拉，

㉓《印度货币学协会期刊》，第2-4页。
㉔《大英博物馆货币目录之古印度》，第150页。
㉕《大英博物馆货币目录之古印度》，第150页。
㉖《印度货币学协会期刊》第21卷，第67页。
㉗《大英博物馆货币目录之古印度》，第150页。
㉘《印度货币学协会期刊》第8卷，第7页。
㉙《大英博物馆货币目录之古印度》第4卷，第4页。
㉚《大英博物馆货币目录之古印度》，第153页。
㉛《大英博物馆货币目录之古印度》，第154页。
㉜《大英博物馆货币目录之古印度》，第150页。
㉝《印度货币学协会期刊》第4卷，第5页。
㉞《印度货币学协会期刊》，第6页。
㉟《印度货币学协会期刊》，第133-134页。
㊱《印度货币学协会期刊》，第135页。
㊲《印度货币学协会期刊》，第7页。
㊳《印度货币学协会期刊》，第134页。
㊴《印度货币学协会期刊》，第8页。
㊵《印度货币学协会期刊》，第10页。
㊶《坎宁安考古调查报告》第10卷，第4页。
㊷《印度考古调查年度报告》，1913—1914年，第26页。

即伽那婆提娜迦的货币发现于第 1 层摩伽货币的上一层。迄今为止我们知道的摩伽的统治者有 11 位，他们分别是跋陀罗摩伽[43]、多闻天王[44]、湿婆摩伽[45]、萨塔摩伽[46]、维贾雅摩伽[47]、普拉摩伽[48]、宇迦摩伽[49]、怖军跋摩[50]、纳维卡[51]、普斯瓦斯瑞[52]，以及达纳提婆[53]。这些统治者大约统治了 198 年。伽那婆提娜迦是统治者之一，他曾在公元 350 年沙摩陀罗笈多远征时被后者征服。因此，摩伽的统治可能始于大约公元 152 年，而这几乎和我们之前推测的时间相同。所以，憍赏弥的贵霜货币只可能出现在公元 145—152 年。

就像在憍赏弥一样，在舍卫城也发现了一尊迦腻色伽早期的佛像。这似乎表明贵霜王朝对憍萨罗国地区有所影响。在憍萨罗国及其邻近的领土上发现了几个铜币贮藏，其中包括了阿逾陀当地统治者的货币和贵霜货币。在这些贮藏中，憍萨罗国货币数量稀缺，恰恰表明贵霜王朝是在憍萨罗国的当地统治者之后才进入憍萨罗国领土的。[54]

在阿逾陀发现的当地统治者的货币则属于以下 15 位统治者：穆拉提婆[55]、伐由提婆[56]、比萨卡提婆[57]、达纳提婆[58]、帕萨提婆[59]、湿婆达

---

[43] 《印度货币学协会期刊》第 2 卷，第 105 页。
[44] 《印度货币学协会期刊》，第 106 页。
[45] 《印度货币学协会期刊》，第 105 页。
[46] 《印度货币学协会期刊》第 4 卷，第 10－11 页。
[47] 《印度货币学协会期刊》，第 11－12 页。
[48] 《印度货币学协会期刊》第 8 卷，第 8 页。
[49] 《印度货币学协会期刊》，第 9 页。
[50] 《印度货币学协会期刊》第 2 卷，第 108 页。
[51] 《印度货币学协会期刊》第 4 卷，第 136 页；第 8 卷，第 11 页。
[52] 《印度货币学协会期刊》第 4 卷，第 136 页。
[53] 《大英博物馆货币目录之古印度》，第 153 页。
[54] 《印度历史季刊》第 29 卷，第 216 页。
[55] 《大英博物馆货币目录之古印度》，第 130 页。
[56] 《大英博物馆货币目录之古印度》，第 130 页。
[57] 《大英博物馆货币目录之古印度》，第 311 页。
[58] 《大英博物馆货币目录之古印度》，第 132 页。
[59] 《大英博物馆货币目录之古印度》，引言部分，第 89 页。

塔[60]、那拉达塔[61]、耶瑟莎达塔[62]、库穆达塞纳[63]、阿贾跋摩[64]、僧伽密多罗[65]、维贾雅密多罗[66]、萨提亚密多罗[67]、提婆密多罗[68]，以及阿里亚密多罗。[69]

在阿逾陀发现的一篇铭文中，我们发现其中提到了一位国王——达纳提婆（很有可能也是因为货币而被人们熟知），即帕尔古提婆的儿子，他自称是继补沙密多罗兵马大元帅（senāpati）之后的第六位阿逾陀国王和两次马祭的执行者。[70] “兵马大元帅”的头衔则是由补沙密多罗巽伽提出的，而他的马祭在《摩诃巴夏》和《摩罗维迦和火友王》中声名远扬。所以毋庸置疑，这个铭文是指补沙密多罗·巽伽。由于“达纳提婆”的名字没有出现在巽伽的《往世书》年代列表上，因此看起来似乎他仅是这个朝代的一位旁系子孙。如果“sixth”这个单词在铭文中的意思是指第六代的话，我们也许可以认为在达纳提婆之前的五代中，他的家族与巽伽有关系。与此同时，在《戒日王传》中曾指出，一位穆拉提婆（可能是货币上出现的统治者穆拉提婆）杀了阿耆尼密多罗的儿子苏密多罗（瓦苏密多罗）。当我们将这些记载综合起来后，足以证明，大约在公元前 130 年时穆拉提婆占领了阿逾陀的巽伽领土的事实。

现在，在大约公元前 130 年以前有 16 位阿逾陀统治者，包括帕尔古提婆，他的货币还未为人所知，他们统治了 188 年，其统治时间一直持续到大约公元 158 年。贵霜人应该是在这个时间之后来到憍萨罗国。

---

[60] 《大英博物馆货币目录之古印度》，第 133 页。
[61] 《大英博物馆货币目录之古印度》，第 134 页。
[62] 《印度货币学协会期刊》第 8 卷，第 14 页。
[63] 《大英博物馆货币目录之古印度》，第 137 页。
[64] 《印度钱币纪事》，第 150 页。
[65] 《大英博物馆货币目录之古印度》，第 138 页。
[66] 《大英博物馆货币目录之古印度》，第 138 页。
[67] 《大英博物馆货币目录之古印度》，第 135 页。
[68] 《印度钱币纪事》，第 151 页。
[69] 《大英博物馆货币目录之古印度》，第 137 页。
[70] 《印度铭文》第 20 卷，第 57 页。

另一个王国，即定都阿蓝车多罗的般遮罗国，崛起于孔雀王朝之后。从已知样式统一且连续的货币中可得知，般遮罗国至少应有 21 位统治者。他们分别是楼陀罗笈多[71]、加雅笈多[72]、戴玛笈多[73]、孟加帕拉[74]、维斯瓦帕拉[75]、雅吉纳帕拉[76]、瓦索塞纳[77]、苏利耶密多罗[78]、毗湿奴密多罗[79]、杜茹瓦密多罗[80]、因陀罗密多罗[81]、阿耆尼密多罗[82]、巴努密多罗[83]、布米密多罗[84]、加雅密多罗[85]、弗格鲁尼密多罗[86]、毗诃跋提密多罗[87]、安努密多罗[88]、阿尤密多罗[89]、伐楼拿密多罗[90]，以及普拉贾巴蒂密多罗[91]。

虽然史学界认为，这个国家的货币的出现时间似乎不早于公元前 200 年，但我们不妨这么假设：这个国家的崛起要更早一点，其崛起的时间在公元前 215 年，也即上文假设的孔雀王朝衰落的时期。因此，这些统治者统治了大约 378 年，即统治时间一直持续到大约公元 163 年。

1940—1944 年，在阿蓝车多罗的发掘工作仍在进行之中，但目前

---

[71] 《大英博物馆货币目录之古印度》，第 192 页。

[72] 《大英博物馆货币目录之古印度》，第 202 页。

[73] 《印度货币学协会期刊》第 2 卷，第 115 页；第 15 卷，第 43 页。

[74] 《印度货币学协会期刊》第 2 卷，第 115 页；第 4 卷，第 19 - 20 页。

[75] 《大英博物馆货币目录之古印度》，第 192 页。

[76] 《印度货币学协会期刊》第 4 卷，第 17 - 18 页。

[77] 《印度货币学协会期刊》第 2 卷，第 115 页。

[78] 《大英博物馆货币目录之古印度》，第 193 页。

[79] 《大英博物馆货币目录之古印度》，第 202 页。

[80] 《大英博物馆货币目录之古印度》，第 199 页。

[81] 《大英博物馆货币目录之古印度》，第 203 页。

[82] 《大英博物馆货币目录之古印度》，第 199 页。

[83] 《大英博物馆货币目录之古印度》，第 195 页。

[84] 《大英博物馆货币目录之古印度》，第 108 页。

[85] 《大英博物馆货币目录之古印度》，第 203 页。

[86] 《大英博物馆货币目录之古印度》，第 194 页。

[87] 《印度钱币纪事》，第 185 页。

[88] 《亚洲社会期刊》第 49 卷，第 21 页。

[89] 《亚洲社会期刊》。

[90] 《印度货币学协会期刊》第 5 卷，第 17 页。

[91] 《印度货币学协会期刊》第 3 卷，第 79 - 80 页。

还没有任何发掘报告。然而，从一篇关于在发掘现场出土的陶瓷的文章中，我们得知，在更低的地层——第8层和第7层中，发现了方形和圆形的铸币。在第6层和第5层的地层中则发现了当地统治者发行的货币，而在此之后的是在第4层的贵霜货币和贵霜货币的仿制币。在第3层的最上层还发现了阿丘塔货币，沙摩陀罗笈多曾在大约公元350年击败了阿丘塔[92]。这些数据清楚地表明，贵霜王朝紧随着密多罗崛起，而且贵霜王朝大约最早应该出现于公元163年。如果发掘年份数据是从上往下审查的话，那么公元350年就可以被确定为阿丘塔时期。在它之前则是贵霜货币和贵霜货币的仿制币。人们普遍认为，在贵霜王朝之后的大约1个世纪里贵霜货币的仿制币依然在印度发行。这意味着在公元350年前，贵霜货币和贵霜货币的仿制币一共存在了大约200年。这表明贵霜货币出现的时间可能略早于公元163年，即大约在公元150年。

因此我们有了以下可能是贵霜王朝开始进入恒河—亚穆纳河山谷大致的年代，公元145年（从马图拉）、公元145—152年（从憍赏弥）、公元158年（从阿逾陀），以及公元150—163年（从阿蓝车多罗）。这些年份不能提供任何关于贵霜王朝统治时代的具体日期的线索，但从这些日期中我们能够得知，贵霜王朝的起源不可能早于公元2世纪中叶。现在我们应该基于这些已知的事实来确定迦腻色伽统治开始的确切日期。

现在尚不建议提出这个问题，但可以断定的是，格希什曼[93]提出的公元144年和我们的结论相当接近。如果引用从阿富汗和中亚的考古发现对此加以论证还不够充分的话，目前从印度方面基于货币学得出的结论，则能为其提供强有力的支撑。

---

[92] 《古印度》第1期，第37－40页。

[93] 贝格拉姆：《科珊人的考古和历史研究》，第109－184页。

第五章
迦腻色伽——弗维色伽之子*

由达勒姆印度艺术博物馆的主管，即哈特尔领导的德国考古队，对靠近马图拉地区的歌瓦尔丹的松克附近的古坟进行了发掘。1973 年 2 月，哈特尔邀请我去他的研究营，看他的团队在挖掘壕和在发掘现场周围地下发现的货币。这里有很多有趣的货币，其中最重要的是一枚在离挖掘地略远的地面下发现的铜币。哈特尔为人十分亲和，他让我在这些东西中随意挑选。[①] 在此，我对他表达诚挚的谢意并展示他的货币。其货币具体内容如下：

AE；圆形：直径 2 厘米。

正面：在一个方形的铸印图案（右侧和下方的印铸线十分明显，另外两侧的印铸线则离侧边较远）中有一个男子的正面形象，他穿着束腰外衣、合身的裤子和靴子，头上有一圆形光环，[②] 左手半举并拿着一把顶部是三角形形状（被截断）的权杖，右手则叉在臀部。他的右侧用粗体字母竖着（从时钟 8 点到 11 点方向）写

---

* 本文最初发表在 1973 年的《印度货币学协会期刊》第 35 卷，第 123 – 126 页。

① 根据我提供的信息并在我的同意下，穆克吉早前在《亚洲社会月刊》[第 2 卷，第 8 期（1973 年 8 月），第 5 – 6 页] 提到了这枚货币。

② 穆克吉认为，也可能是长发垂肩的形象（见前引书，第 5 页）。

的婆罗米语铭文——弗维色伽时代。

背面：在最左侧是一棵很高的、长在一小方形栅栏里的树，两行婆罗米铭文每行分别有若干文字：（1）*putra ka*（2）*ṇikas*［*ya*］。（图2）

货币正面的币文十分清晰，但照片上的图像则较为模糊，但这丝毫不影响阅读。而背面的币文则不是十分清晰。第一个字母看起来更像“sa”而不是“pu”，并且下面的笔画被磨损了，但比起第二个字母“tra”右边下面的笔画明显弯曲到了左侧，因此，这不可能是简单的“ta”，所以我更愿意把第一个字母读成“pu”，这两个字母连起来就是“putra”。另一种阅读方式便是“sata”（s［u］ta）。在这两种情况下，这个单词的意思都是一样的，即“儿子”。第三个字母虽然不是很清晰，应该可以读成“ka”。在第二行，第一个字母“ṇa”非常清晰，且是其他字母的一半大小，它有一个垂直的笔画痕迹印在了下横臂下面；它也许会被认为是在内侧“u”的笔画，但它最有可能的是代表“i”，而且被错误地放在了下臂而不是上臂。接下来是一个非常清晰的“ka”，再接下来则是“sa”。在“sa”右侧垂臂有弯曲的笔画的痕迹延伸至左边下端。这个笔画表明这是一个连词“ya”。

将币文分别印在一枚货币的两侧，这种情况在印度货币史上几乎从未出现，但我大胆地认为，唯有把这枚货币正反面的币文合在一起并读成“*Huviṣkasya putra Kaṇikasya*”时，其才有意义。这种形式的铭文可与印度—帕提亚统治者的货币上的币文进行比较，如阿斯帕瓦尔马③、兹奥尼西斯④、哈拉霍斯提斯⑤，以及西方诸侯（货币发行者的名字和他们父亲的名字在一起）的货币相比较。然而这个铭文与它们不同，它并没有沿用“putra”这个单词。在混合梵文里这种形式并不罕见，在我的记忆里，一些萨卡—贵霜时期的马图拉币文里就有这种用法。在斯帕拉霍拉货

③《旁遮普博物馆货币目录》目录1，第150页。
④《旁遮普博物馆货币目录》，第157页。
⑤《旁遮普博物馆货币目录》，第159页。

币上，主格的“Maharajabharata”（类似于“putra”）与属格“Dhramikasa Spalahorasa”一起使用。[⑥] 与之类似的货币则在随后的特库塔卡时代的货币里发现，这些货币仿照了西方诸侯的货币制度。我们有这些主格“Mahārājendraputra... Dahrasena”[⑦] 和“... Dahrasenaputra... Vyâghrasena”。[⑧] 因此，币文本身不存在任何问题。

唯一的问题在于，这种货币的发行者是谁？对此这个币文或许有双重解释。如果这枚货币两面的币文是连续的，并且其开始于正面而结束于背面的话，那它将意味着迦腻色伽就是货币的发行者，而且他就是弗维色伽之子。但如果这两部分的币文是分离的，那它就可能被理解为“弗维色伽的”以及“迦腻色伽之子”。在这种情况下，正面的名字表示弗维色伽是货币的发行者，再根据背面的币文，推断出他是迦腻色伽之子。但由于后一种解释将“putra kaṇikasya”理解为“迦腻色伽之子”是一种不常见的结构，而比较合理的这种意义的结构应该是“Kaṇikasya putra”，因此后一种解释似乎不太可能。所以，在这里“putra”应该是接着“Huviṣkasya”而出现的。综上所述，我认为这个货币的发行者是弗维色伽之子，即迦腻色伽。[⑨]

货币的发现地离贵霜王朝的首都马图拉很近，而贵霜王朝的建筑就在货币发现地区的地面之下。从史学的角度来讲，这枚货币不可能在贵霜王朝之后出现。最重要的是，弗维色伽和迦腻色伽[⑩]这两个名字，都是著名的贵霜王朝统治者的姓名。所有的事实都毫无疑问地表明了，这枚货币与贵霜王朝有关。

毋庸置疑，从文字上看，“Kaṇika”代表“Kaniṣka”，即迦腻色

⑥ 《旁遮普博物馆货币目录》，第141页，第372号货币等。

⑦ 《大英博物馆货币目录之古印度》，第198页。

⑧ 《大英博物馆货币目录之古印度》，第202页。

⑨ 穆克吉也持相同意见（见前引书，第6页）。

⑩ 穆克吉：《贵霜宗谱》，第68页、第104页和第155页；《贵霜与德干》，第69页。

伽。[11] 因此，我们能够顺理成章地得出以下结论，即这枚货币由迦腻色伽即弗维色伽之子发行，货币的发行者迦腻色伽可能是指迦腻色伽一世，或者迦腻色伽三世。因为通过埃罗币文，我们已经得知迦腻色伽二世是 Vajheṣka（瓦西色伽）之子。

穆克吉认为该货币应该归属于迦腻色伽三世，即瓦苏提婆一世的继承者。他的说法基于以下两点：（1）到目前为止尚未发现婆罗米语币文的贵霜货币。只有在一些来自瓦苏提婆一世和其继承者时代的货币上，有一些零散的婆罗米语字母。[12] 因此，这个婆罗米语字母或许可以解释为这代表着该货币发行于婆罗米语已经取代贵霜—大夏语币文的后贵霜统治时代；（2）弗维色伽国王的统治时期为迦腻色伽之后的公元28—60 年。除此之外，一些仿效这些字母风格类型的货币，也可以被视为是它后期发行的。[13]

但我几乎没有看到任何支持该货币属于迦腻色伽三世的理由。有一些其他说法认为，不应该把该货币归属于任何贵霜王朝时代后期。第一，在货币正面的方形印铸里面的图案是早期印度货币的一个特征，该特征在任何后期的货币上从未有过。已知这种图案最迟出现在般遮罗国系列货币上，而般遮罗国系列货币则在贵霜货币出现之后就不再使用了。第二，其上的人物肖像，虽然穿着外国服饰，但和任何贵霜王朝统治者的雕像相比，更类似于早期地方币[14]上的人物肖像。第三，王室头衔的缺失让人不禁联想到早期的地方币。第四，贵霜王朝统治者没有在其货币上印上自己的姓氏，而马图拉货币上有诸侯苏达萨[15]字样。这些事实毫无疑问说明了，这枚货币属于贵霜王朝开始统治马图拉的时期。除这些事实以外，我们还应该牢记，Kaṇika 这个名字在史学上仅仅指迦

⑪ 请参阅以上脚注④－⑮。

⑫ 《贵霜宗谱》，第 84－85 页。

⑬ 这是哈特尔在他给作者的一封信中提到的。

⑭ 与货币上的图像相比较，《大英博物馆货币目录之古印度》第 37 卷，第 1－4 页。

⑮ 《大英博物馆货币目录之古印度》，第 191 页。

腻色伽一世。因此我推断，该货币是由迦腻色伽一世发行的，或许他已经尝试用本地风格发行货币。

如果确实如此，那么该货币将极具历史意义，揭示了一个迄今为止人们从未知晓的事实，即弗维色伽是迦腻色伽一世之父，而由于缺乏确凿的证据可以表明迦腻色伽一世是阎膏珍的直接继承者，因此这个弗维色伽或许并未在任何时期担任过统治者。⑯

⑯ 同样在下文可看到，第122页及其后。

第六章
东印度的贵霜—穆伦达统治*

一些耆那教的传说涉及了穆伦达人在华氏城的统治，同样在一些汉文和藏文的作品中也有记载。迦腻色伽领导了一场旨在入侵印度的战役，他不仅推翻了都沙奇城和华氏城的国王，还带走了佛教学者马鸣。这些史学上的参考资料使一些学者深信贵霜王朝曾统治比哈尔邦，他们曾试图通过引用货币学、碑文和造型艺术等证据加以证实。

贾亚斯瓦尔极可能是采用货币学来证实这个观点的第一人。他在第26届印度钱币协会年会的报告演说上，提到了在莫蒂哈里（查姆帕兰）地区（比哈尔）的拉齐娅发现的一枚贵霜铜币，还宣称它证明了贵霜王朝将其统治范围扩展到了查姆帕兰地区；他还补充道，这对他早先在他之前的《尼泊尔历史》一书中就曾提到过的结论提供了支持。而这个结论是：在尼泊尔历史中有1个世纪的空白，而在尼泊尔挖掘到的贵霜货币说明这段时期可能这里处于贵霜王朝的统治之下，但由于这些货币数量稀少，所以他认为这些证据不够确凿，而如今拉齐娅的发现提供了贵霜王朝统治过查姆帕兰及尼泊尔的确凿证据。① 班纳吉根据在奥里

* 本文最初发表于1976年的《印度货币学协会期刊》第38卷，第25-53页。

① 《印度货币协会年度报告》，1936年，第11页；《印度货币协会六十年》，第148页。

萨邦出土的货币，几乎在同一时间得出了以下结论，即贵霜王朝在奥里萨邦的统治延伸到了斯库尔亚河和拉库亚河。[②]

当阿尔特卡尔公布了在伯格萨尔发现的贵霜铜币贮藏时，在这一发现以及在华氏城发掘现场发现的贵霜货币的基础之上，他提出一个观点：阎膏珍曾经成功征服了印度北部直到巴特那的地区。在大约公元75年时，贵霜货币完全取代了当地铜币。[③] 当发现了一条在巴特那地区萨达舍离发掘的贵霜货币样式的金护身符时，他再次提出了同样的观点，但这次略显谨慎。在这篇论文中，他提到自己之前早先的论文中提到过相同的观点，并谈到，包括他自己在内的诸多学者皆认为凭此证据可以证明贵霜王朝曾在比哈尔邦和奥里萨邦建立过至少几十年的统治。[④]

阿尔特卡尔和班纳吉曾就这个议题发表的两篇论文，一篇发表在《印度钱币协会杂志》[⑤] 上，另一篇发表在《印度历史季刊》上。[⑥] 在这两篇论文中，他提供了一长串在东印度发现的贵霜货币列表，辅以一个记录该地区贵霜王朝时代的碑文材料和艺术文物的列表，并提出北方邦、比哈尔邦，可能还有孟加拉的恒河三角洲，以及奥里萨邦都曾在一段时期内属于迦腻色伽国。

最近，萨尔朱·普拉萨德·辛格发表了一篇长论文，[⑦] 文中列举了一长串在孟加拉、比哈尔邦和奥里萨邦发现的货币列表，并重申了耆那教和西藏的传说，指出一些在比哈尔邦各地发现的陶俑和艺术造型，并列举了其他几件事情来强调比哈尔邦、孟加拉和奥里萨邦曾处于贵霜—穆伦达的统治下。但他对这些发现并非特别清楚。他认为这些东部省份

---

② 《奥里萨邦的历史》第1卷，第115页及其后。

③ 《印度货币学协会期刊》第12卷，第121－123页；《库姆拉哈尔挖掘》，1951—1955年，第10页。

④ 《印度货币学协会期刊》第20卷，第1－3页。

⑤ 《印度货币学协会期刊》第13卷，第107－109页。

⑥ 《印度历史季刊》第26卷，第294－303页。

⑦ 《印度货币学协会期刊》第35卷，第127－141页。

属于贵霜—穆伦达的统治范围，但他却用的是“可能”这个单词，而这足以表明他并不是很确定。但很有可能他并不是这个意思，而是十分坚定的。他断言并强调说，穆伦达曾是贵霜王朝东部省份的总督。这就是说穆伦达族与贵霜王朝不同（许多学者这么认为），贵霜王朝并没有亲自统治东部省份，而是通过他们的穆伦达总督来统治。此外，他还进一步指出，穆伦达总督还被授权许可发行他们的货币；他们发行了普里—贵霜类型的货币，但实际上这些货币应该被称为穆伦达货币。因此，辛格比其他学者更坚定地认为贵霜王朝曾统治东部省份。

关于贵霜王朝曾在比哈尔邦以及该地区东部统治过的说法，很多人不赞同，我就是其中之一。我在两篇论文中[⑧]，对于阿尔特卡尔和班纳吉为支持他们的说法而引证的货币学材料，都进行了严格检查。在第三篇论文中，我回顾了阿尔特卡尔基于萨达舍离护身符而提出的观点。[⑨]但是在我看来，并没有任何货币学证据足以说明贵霜王朝向东扩张越过了瓦拉纳西地区。我甚至对贵霜王朝这么大的扩张产生了极大的怀疑。

辛格偶尔会引用阿尔特卡尔而非纳吉的说法。我想知道，他是否错过了或故意忽视了他的论文。如果他看到这些文章，或许他会在列表里加入更多的发现。而他也许没有机会看到我的论文，否则这将帮助他纠正一些产生于他列表里的错误，并有助于在他投入写作前给他一些线索仔细考虑他曾提出的理论。无论如何，他都提供了一个去重新评估这些问题，以及去思考是否要修改我的观点的机会。

辛格用来证明贵霜王朝曾扩张到比哈尔邦、孟加拉和奥里萨邦地区的钱币列表与其内容相当不匹配。在比哈尔邦发现列表里的内容都是不必要的描述，并且对当前的探讨毫无价值，可以说研究这个列表毫无必

---

⑧ 《印度货币学协会期刊》第 15 卷，第 185 页；《印度历史季刊》第 29 卷，第 205 – 221 页；《印度货币学协会期刊》，第 21 – 50 页。

⑨ 《印度货币学协会期刊》第 21 卷，第 188 – 190 页；《印度货币学协会期刊》，第 83 页。

要，纯属浪费劳力。⑩ 而另一方面，孟加拉和奥里萨邦的发现中都只是简要提及一些信息，缺乏有价值的信息。⑪ 更重要的是，这是一个对各种货币学材料不加鉴别而将它们囊括其中的“大杂烩”。它包括：（a）货币——金币和铜币；（b）用作装饰品的呈环状或钩状的金币；以及（c）用作装饰或其他作用的金币仿制品或项链。这些货币有三个不同的来源：（a）零星的发现；（b）在成形的贮藏里的发现，以及（c）在考古发掘项目里的发现。毋庸置疑，这些不同类别的材料，都具有不同的历史价值或意义。因此，仅仅像辛格在论文中提到的货币发现的列表，这些对于得出合理的结论是远远不够的。最重要的是，如何进行正确的分类和分析；分析得出正当的解释；评估它们的历史价值；然后再基于这些评估才能得出结论。而像辛格提到的那种货币学材料列表就很容易误导读者。⑫ 在其内容可以被任何历史结论认可之前，还需要重新进行仔细的梳理。

因此，这些发现要被重新描述，还要根据它们的类别加以分类，而

---

⑩ 这个列表绝不是作者的任何劳动或研究的结果。它只是比哈尔和奥里萨邦发现的货币列表的相关部分的副本，这个列表是由普拉萨德制成的。他是我在巴特那博物馆的一位同事，这个列表的内容是基于存放在博物馆和我的银币登记里的宝库记录。发表在《印度钱币纪事》第8卷，第45－101页。可悲的是，他没有提供适当的来源认证，这种行为构成了剽窃。

⑪ 虽然作者在脚注中引用了初始来源，但他似乎没有接触到这些一手资料，很可能他依赖的是二手资源，其中引用的资料很简短而且不够充分。

⑫ 塔姆的话非常有趣，他曾指出货币学材料可作为历史依据。他说：“很多作者用货币的发现地来确定某个国王曾经统治过该地，但其实这不是一个令人满意的证据形式……对于货币通过贸易传播这种解释来说，几乎任何一种其他的证据都要更好……下面的规则听起来不错。如果一位国王拥有丰富的货币，且在全国各个地方甚至很远的地方都有……这只是说明其统治规模非常庞大，但这不是说，他统治了所有发现了其货币的地方。如果一位国王的大量的货币从未在一个特定的区域找到过，那这就可以得出一个假设，那就是，在没有其他证据的情况下，说明他没有在那里统治过；但如果发现了少量的货币，这个假设就不成立了。这两种情况中无论货币多还是少，一个地区货币的缺乏都不能反对其他证据……如果只发现了几枚单独的一位国王的货币，那发现地也无法提供真正的证据证明他统治这个地区。”［《在巴克特里亚（大夏古国）和印度的希腊人》，第440页］；有关这个问题及其他相关问题，也可参见纳拉因的《货币学证据和历史写作》一文（《印度货币学协会期刊》第18卷；第2卷，第157－162页）。

这些需要添加的信息就是辛格所缺少的东西，包括一些他错过记录的或不知道的发现，这些材料才能以全貌呈现在人们面前，并据此进行合理的评估。

A 组：黄金护身符或奖章

1. 菩提伽耶发现：坎宁安在菩提伽耶的金刚座下的储存物中发现了一个黄金薄圆盘，在其两侧展示着弗维色伽肖像，并在顶部有一个环。⑬

2. 库姆拉哈尔发现：在库姆拉哈尔（华氏城）的发掘现场发现了一条残缺的护身符。护身符一面是站着的贵霜王朝统治者，另一面是坐着的女神。⑭ 图案表明它们模仿了一些后贵霜王朝时代的统治者（后瓦苏提婆）的货币，这些货币上则是坐在高背椅宝座上的幸运女神阿道克狩。

3. 萨达舍离发现：在巴特那的萨达舍离的发掘现场出土了一枚正面印着弗维色伽、背面印着站立的幸运女神阿道克狩、顶上有两个孔的薄金币。⑮

4. 西素帕勒格勒赫发现：1948 年，在西素帕勒格勒赫（奥里萨邦）的考古发掘期间，发现了一枚金片，一面印着一个贵霜的货币图案（统治者正站立供奉祭品），另一面印着罗马的货币图案（国王的头像），⑯ 其顶部还有一个环。阿尔特卡尔首次发布这枚金片，并将它视作货币；他曾尝试着阅读在贵霜图案那侧的婆罗米语币文“［Mahara］ja Rājadhasa Dhamadamadhara［sa］（?）和一些字母“HAIEAI”，以及在罗马图案那侧的字母“ZNAI”。他认为这是“Mahārāja Rājādhirāja

⑬ 坎宁安：《摩诃菩提》第 22 卷，图 17。

⑭ 《库姆拉哈尔发掘》，1951—1955 年，第 131 页。

⑮ 《印度货币学协会期刊》第 20 卷，第 1－3 页；《华氏城挖掘》，1955—1956 年，第 52－53 页；《华氏城挖掘》，第 51 页及其后。

⑯ 《印度货币学协会期刊》第 12 卷，第 1－4 页；《古印度》第 5 期，第 97 页；辛格曾认定这个罗马头像为穆伦达国王的头像，他忽略了顶上的环（见前引书，第 135 页，脚注 3。）

Dharmadamadhara”的货币。在他之后，所有人都把这枚金片当作由奥里萨邦的一位统治者发行的货币，但实际上它并不是货币。在奥里萨邦发现了贵霜货币和罗马货币。笈多王朝和其他王朝也曾模仿贵霜货币的图案；同样，罗马的头像图案也被萨塔瓦哈那人所采纳并使用在他们的银币上。显而易见，对于这块上面有这两种来源的图案的仿制并没有什么特别的地方。但我们还未找到一个实例来说明，两种不同系列的货币的杂交品曾被当作货币来使用。如果它是由奥里萨邦任何一位统治者发行的话，那他应该只会采用这两种货币的其中一种作为其钱币的原型。它可能是贵霜货币或罗马货币。此外，还有其他一些否认它属于货币类型的观点。当我们仔细观察这个部件的两侧就能发现，在原始货币上的币文是一些毫无意义的复制品。而阿尔特卡尔所认为的婆罗米语币文就是随便写的贵霜币文，同样地，罗马图案那一面也是随便写的罗马币文。毫无疑问，“Mahārāja rājatirāja”这个头衔是贵霜王朝用在他们的铭文中的，同时它只在马图拉及其西部地区存在。贵霜人从未在他们的货币中使用过这个头衔。想要在距离马图拉很远的地方发现的任何东西上找出这个币文简直是天方夜谭。

金片上的环清楚地表明了它是被用作装饰品的。混合的两种不同货币图案经常被用于制作奖章、装饰或摆设。在大英博物馆的收藏中，存放着一件与当前这个金片非常类似的物品。1972 年我去那里的时候，詹金斯向我展示了它，其一面是罗马头像，另一面是贵霜图案（站立的幸运女神阿道克狩）。没人知道它是何时、如何，以及从哪里来到博物馆的，但我们有理由相信它起源于欧洲西北部斯堪的纳维亚的国家，并且最有可能是来自大约公元 5 世纪时的瑞典。[17]

尽管如此，这却并不表示这个金片也起源于欧洲，但它可以说明瑞典人可能喜欢用罗马和贵霜的图案作为装饰，那奥里萨邦人则更有可能对贵霜和罗马图案着迷。这个金片只应被当作一条护身符或装饰的奖章，而绝不是货币。

---

⑰ 《印度货币学协会期刊》，第 73－81 页；见下文，第 71－79 页。

B 组：金币装饰品

1. 贝瓦达迦发现：来自兰契地区的贝瓦达迦的罗伊报道发现了 3 枚贵霜货币。[18] 据他所言，发现者将这 3 枚货币的其中 1 枚卖给了一个印度地主；第 2 枚给了一个金器商，而第 3 枚他自己收藏了。其中一枚（最有可能就是罗伊收藏的这枚）与弗维色伽有关，而且在其顶部还有一个小小的黄金别针或皇冠。这足以说明，这枚货币曾被用作装饰品。关于另外两枚货币的细节还无从得知；但基于这枚货币，可能其他两枚货币也会有一些相似的附件在其顶部，而且也是被用作装饰品。

2. 苏丹甘杰发现：1959 年，在帕戈尔布尔地区苏丹甘杰的一个陶罐里，发现了一枚后贵霜王朝时代货币和一枚笈多货币（沙摩陀罗笈多：标准类型），在这两枚货币顶部都有一个环，同时还在里面发现了一些装饰品。[19]

3. 洛哈达伽发现：1965—1996 年，在洛哈达伽（兰契区）发现了两枚顶部有空心环（用于穿绳的）被视为珍宝的贵霜货币，同时还发现了一块金子，现在它们被收藏在巴特那博物馆。其中一枚是阎膏珍时期的两倍金标币，另一枚很有可能是瓦苏提婆时期的一个金标币，两枚金币均已非常破旧。

C 组：金币

比哈尔

1. 帕戈尔布尔发现：1835 年，在帕戈尔布尔地区发现了一些瓦苏

---

⑱ 《比哈尔邦和奥里萨邦研究学会期刊》第 5 卷，第 233 页。

⑲ 由索霍尼首次发表（《印度钱币纪事》第 1 卷，第 86 页）。他认为这枚笈多货币属于旃陀罗笈多二世时期，而另一枚货币可能属于瓦苏提婆时期。随后乔杜里也发布了货币情况（《印度钱币纪事》第 2 卷，第 84 页）。他正确地将笈多货币归于沙摩陀罗笈多时期，但后来他又认为另一枚货币可能是弗维色伽时期的。或许他从未意识到，弗维色伽从不在他的金币上用站立的国王图案。这枚货币的左边是一把三叉戟，是后瓦苏提婆时期货币的特征。辛格接受了乔杜里的错误思想，因此也没有注意到货币是带环的这个特点。

提婆时期的金币。[20]

2. 华氏城发现：1912—1913 年，在华氏城的发掘现场发现了两枚金币，一枚是背面有 *Oeṣo* 字样的瓦苏提婆时期的银币，另一枚则是印着某个后贵霜时代的统治者（可能是迦腻色伽三世）和坐在高背宝座上的幸运女神阿道克狩的金币。[21]

3. 玛蒂亚·普拉利亚发现：1920 年，在加雅区的普拉利亚（勒菲根杰）村庄里发现了 18 枚寄多罗—贵霜货币。有些上面的右侧印有字母“Pare”，有些则只有字母“sa”。[22]

4. 蒙吉尔发现：乔杜里曾提及在蒙吉尔的一个金器商那里看到了 3 枚金币。[23] 其中一枚是沙摩陀罗笈多货币（标准类型），另外两枚是贵霜货币。贵霜货币中的其中一枚属于弗维色伽时期，另一枚则是后瓦苏提婆时期的货币，而且很有可能是迦腻色伽三世时期的货币。

孟加拉

5. 莫哈斯坦发现：在莫哈斯坦发现了两枚金币，一枚是瓦苏提婆

---

⑳ 《孟加拉亚洲社会期刊记录》，1885 年，第 129 页。

㉑ 这些货币存放于巴特那博物馆（货币登记号 2091—92），但之后被盗了。然而，货币登记册对此有详细记录。阿尔特卡尔在此基础上发表了这些货币《印度货币学协会期刊》第 13 卷，第 146 页）。在博物馆的登记册中，这两枚货币都是瓦苏提婆时期的。但正如阿尔特卡尔指出的那样，一枚货币上的名字没有任何部分可以读作“BAZODEO”；瓦苏提婆的货币背面都没有阿道克狩。因此，这可能是一枚迦腻色伽三世时期的货币，辛格没有注意到这点。

㉒ 基于巴特那博物馆里的宝库报道的信息。货币之后在巴特那博物馆被盗，因此货币右边的字母的读法便无法查证。

㉓ 《印度钱币纪事》第 2 卷，第 84 页。关于贵霜货币的注解是混乱的。这些货币属于哪个国王还不清楚，但图解上是迦腻色伽的货币，作者似乎并不熟悉这些贵霜金币。站立的国王——Oeso 类型货币的背面左边是一个清晰的三叉戟，这表明它是一枚后瓦苏提婆时期的货币。出版的拓本没有展示铭文，可能是被截断了；但如果作者所读的铭文是正确的，那它可能是迦腻色伽三世时期的。另一枚货币可能因为其背面有一个半身像而被认为属于弗维色伽时代。

时期的货币，另一枚则不知道其具体时期。它们是由马宗达发现的。[24]

6. 马尔达发现：马宗达报告了一枚在马尔达发现的瓦苏提婆时期的金币。[25]

7. 穆尔希达巴德地区发现：1890 年，在穆尔希达巴德的某处，发现了一枚瓦苏提婆时期的由劣质黄金制成的金币。[26]

8. 博格拉地区发现：1909 年，在博格拉地区发现了一枚瓦苏提婆时期的金币。[27]

中央邦

赫尔达发现：两枚金币［一枚是弗维色伽时期的四分之一金标币，另一枚是背面印着 *Oeṣo* 字样和字母（*ha*，*tha*，*aum*）的迦腻色伽三世的金币］于 19 世纪最后 25 年里，在霍申加巴德地区的赫尔达发现。[28]

D 组：铜币

比哈尔邦北部——恒河北部

1. 贝瓦发现：1919 年，在萨朗地区的贝瓦（戈巴尔根杰分区）的一次考古挖掘中发现了三枚贵霜铜币，其中包括一枚迦腻色伽时期的铜币。[29]

2. 齐兰发现：比哈尔邦考古部门在萨朗地区（恒河岸旁）的齐兰实施考古发掘中，发现了一个有着 88 枚贵霜铜币的贮藏。[30]

---

[24] 《孟加拉亚洲社会期刊记录》第 28 卷，1932 年，第 127 页及其后；第 1 卷，第 1 页和第 3 页。只有辛格提到了一枚货币（货币 1）；但他最有可能指的是第二枚货币（货币 3），没有提到地名，而且他说它是一枚贵霜类型的金币仿币（见前引书，第 134 页及其后，脚注 5。）。

[25] 《孟加拉亚洲社会期刊记录》第 28 卷，1932 年，第 127 页及其后；第 1 卷，第 2 号。

[26] 《孟加拉亚洲学会会刊》，1890 年，第 162 页。

[27] “Gauḍarājamālā”（孟加拉文），第 4 页。这个参考是辛格用于一枚瓦苏提婆时期货币的普通黄金仿币（见前引书，第 134 页，脚注 5）。

[28] 《印度货币学协会期刊》第 17 卷，第 109 页；《中央邦的货币和印章贮藏库存》，第 9 页。

[29] 《印度考古调查年度报告》，1918—1919 年，第 46 页及其后。

[30] 未出版的个人信息。

3. 拉古萨发现：人们在萨朗地区的拉古萨（戈巴尔根杰的细分地区）村庄的一个陶罐里发现了一个货币贮藏，里面有着几百个贵霜铜币和阿逾陀的公牛—公鸡类型的货币。一个居民在 1963—1972 年将几枚这两种类型的货币交给了巴特那博物馆。[31]

4. 劳里亚·南登格尔发现：（a）1935—1936 年，在查姆帕兰地区的劳里亚·南登格尔的考古发掘中发现了一枚弗维色伽货币，[32] 两枚在 1936—1937 年发现的贵霜货币（一枚是迦腻色伽时期的，另一枚是弗维色伽时期的）[33]。（b）1939 年，在那里发现了一个包括48 枚贵霜货币（其中 44 枚是迦腻色伽时期，4 枚是弗维色伽时期）和 14 枚旁遮普时期的贵霜货币仿制币的贮藏。[34] 这个贮藏里的大部分货币都被存放在巴特那博物馆。

5. 切瑞廷发现：大约在 1952 年，人们在查姆帕兰地区的切瑞廷发现了一个小型的贵霜铜币贮藏，这个贮藏属于班加里的葛尼沙查乌比所有。[35]

6. 拉齐娅发现：1936 年，一个住在查姆帕兰地区的拉齐娅村里的村民在其挖土的时候，在地下两英尺的地方发现了一个装有大约 1000 枚贵霜铜币的瓦罐。[36] 其中 7 枚被存放在巴特那博物馆。[37]

7. 毗舍离发现：在 1911—1912 年实施的考古发掘中，只出土了一枚阎膏珍时期的铜币。[38] 1958—1962 年，又在这一发掘现场出土了 9 枚

---

[31] 未出版的个人信息。

[32] 《印度考古调查年度报告》，1935—1936 年，第 64 页。

[33] 《印度考古调查年度报告》，1936—1937 年，第 49－55 页。

[34] 信息包含在巴特那博物馆中的宝库报告中。贵霜仿制货币被认为是普里—贵霜类型的货币，但实际上博物馆里的货币表明，它不是普里—贵霜类型而是旁遮普类型的仿币。

[35] 个人信息。

[36] 贾亚斯瓦尔在 1936 年印度钱币协会的主席讲话（《印度货币社会的六十年》，第 1 页）。

[37] 在发表的列表（《印度钱币纪事》第 8 卷，第 53 页，第 25 号）所包含的信息的基础上，辛格只提到了这些货币中的 7 枚（见前引书，第 130 页）。

[38] 《印度考古调查年度报告》，1913—1914 年，第 181 页。

贵霜铜币（2 枚阎膏珍时期的，3 枚迦腻色伽时期的，3 枚弗维色伽时期的，1 枚后贵霜时代的）。[39] 一些在此发现的零星贵霜货币也存放在毗舍离博物馆。[40]

8. 北村庄（地名）发现：20 世纪 50 年代后期，在达尔彭加的北村庄（贾纳克布尔）挖水池时，发现了一个有 500 枚贵霜铜币的贮藏。[41]

比哈尔邦西部——北方邦边界

9. 伯格萨尔发现：1949 年，在伯格萨尔的恒河河岸附近挖出了一个有 402 枚铜币的贮藏，这是由阿尔特卡尔发布的。[42] 贮藏中有 23 枚阎膏珍时期的货币、159 枚迦腻色伽时期的货币、172 枚弗维色伽时期的货币、23 枚无法辨认的贵霜货币，以及 10 枚阿逾陀时期的货币（憍萨罗国）（公牛—公鸡类型）。

比哈尔邦南部——摩揭陀国的恒河南部

10. 华氏城发现：1912—1913[43] 年，在华氏城古城遗址的发掘现场出土了 3 枚贵霜铜币，1913—1914[44] 年，出土了 52 枚贵霜铜币。这些货币都缺乏详细的描述；但阿尔特卡尔罗列出了其中的 45 枚，并将其保存在巴特那博物馆。它们分别是，3 枚阎膏珍时期的铜币、13 枚迦腻色伽时期的铜币和 30 枚弗维色伽时期的铜币。[45] 1951—1955 年，这里出土了 7 枚贵霜铜币，2 枚迦腻色伽时期的，4 枚弗维色伽时期的，还有 1 枚时间不详。[46]

乔塔那格浦尔地区——古代贾坎德邦

11. 马苏巴扎发现：在离普鲁利亚南部 32 英里的马苏巴扎，人们

---

[39] 《毗舍离发掘》，1958—1962 年，第 132 页、第 149 页及其后。

[40] 罗伊：《毗舍离博物馆向导》，第 16 页及其后。

[41] 《贾亚斯瓦尔研究所的年度报告》，1961 年，第 4 页。

[42] 《印度货币学协会期刊》第 8 卷，第 121 页及其后。

[43] 《印度考古调查年度报告》，1912—1913 年，第 84 页及其后。

[44] 《印度考古调查年度报告》，1913—1914 年，第 74 页。

[45] 《印度货币学协会期刊》第 13 卷，第 144 页及其后。

[46] 《库姆拉哈尔发掘》，1951—1955 年，第 99 页。

发现了281枚普里—贵霜类型的货币，这些货币现在被存放在加尔各答的印度博物馆里。[47]

12. 曼巴木区发现：在曼巴木区发现了93枚普里—贵霜类型的货币。[48] 这很有可能和阿查里雅提到的在比尔普姆的发现相同，[49] 比尔普姆也是属于这个地区的一个小地方。

13. 戈西塔纳尔发现：1945年，在哈扎里巴的吉里迪分区的戈西塔纳尔发现了130枚贵霜货币（其中110枚属于迦腻色伽时期，另有19枚被磨损，1枚无法辨认）。[50]

14. 卡拉发现：在兰契区的卡拉发现了一枚迦腻色伽时期的铜币。[51]

15. 库萨姆蒲甘发现：1928年5月，在辛格布姆区的拉罕山煤矿附近的库萨姆蒲甘发现了12枚普里—贵霜类型的货币，现在这些货币存放在巴特那博物馆。[52]

16. 马霍利亚发现：1931年，在辛格布姆区的马霍利亚（思瓦谱尔）发现了26枚普里—贵霜类型的货币。[53]

17. 平德拉贝拉发现：1952年在辛格布姆区的平德拉贝拉村庄（萨莱克拉—卡尔萨旺）的一条河边发现了一个大型的普里—贵霜类型的货币贮藏。因为大部分的货币都生锈且腐蚀了，所以巴特那博物馆只拿走了20枚。[54]

18. 拉罕山发现：1917年，在辛格布姆区的拉罕山的北坡发现了有363枚普里—贵霜类型的货币的贮藏，其中3枚刻着“Lenka”或“Tanka”。[55]

---

[47] 未出版的印度博物馆记录第6491号，由辛格提出（见前引书，第134页）。

[48] 《印度文化》第3卷，第727页。

[49] 《印度货币学协会期刊》第2卷，第124页。

[50] 宝库报告（《印度钱币纪事》第81号列表）。

[51] 《比哈尔邦和奥里萨邦研究学会期刊》第5卷，第78页，脚注2。

[52] 宝库报告（第225号列表）。

[53] 宝库报告（第229号列表）。

[54] 宝库报告（第12号列表）。

[55] 《比哈尔邦和奥里萨邦研究学会期刊》第5卷，第73页及其后。

奥里萨邦

19. 巴拉索尔发现：在巴拉索尔地区发现了910枚普里—贵霜类型的货币，现在存放在加尔各答的印度博物馆。[56] 其中一枚货币上的币文与之前提到的第18号发现时找到的那几枚货币上的币文一样。

20. 西素帕勒格勒赫发现：1948年，在布巴内斯瓦尔的西素帕勒格勒赫的发掘中出土了2枚贵霜货币（一枚是迦腻色伽时期的，另一枚是弗维色伽时期的），以及4枚普里—贵霜类型的货币。[57]

21. 克塔克区发现：1931—1932年，在克塔克区的某处发现了26枚贵霜货币。[58]

22. 卡雅玛发现：在克塔克区的焦伊布尔分支的卡雅玛山脚下附近，发现了13枚贵霜货币（属于迦腻色伽和弗维色伽时期）。[59]

23. 普鲁索塔姆普尔发现：1858年，在甘贾姆的普鲁索塔姆普尔附近，发现了一个有着贵霜货币和普里—贵霜类型的货币贮藏。埃利奥特对这些货币进行了研究。[60]

24. 杰格达和古尔卡发现：贝格拉在甘贾姆的普鲁索塔姆普尔附近的杰格达和古尔卡，发现了一些印度—斯基泰（贵霜）货币。[61]

25. 悉多班吉发现：在凯翁加尔的悉多班吉，发现了一个有着135枚贵霜货币和普里—贵霜类型的货币贮藏。[62] 之后，来自凯翁加尔的班加提婆又在这里发现了一些贵霜货币和普里—贵霜类型的铜币。[63] 拉曼钱德拉也在这里发现了5枚普里—贵霜类型的货币。[64]

26. 班加基亚发现：在马约巴哈尼区的班加基亚发现了三个贵霜货

[56] 《印度考古调查年度报告》，1624—1625年，第130页。
[57] 《古印度》第5期，第97页。
[58] 宝库报告（《印度钱币纪事》第6卷，第4号）。
[59] 《奥里萨邦历史研究期刊》第2卷，第84－93页。
[60] 《马德拉斯史学与科学期刊》，1858年，第75－78页。
[61] 《坎宁安考古调查报告》第8卷，第116页。
[62] 《印度货币学协会期刊》第2卷，第124页。
[63] 《奥里萨邦历史研究期刊》第2卷，第85页。
[64] 《印度货币学协会期刊》第8卷，第69页。

币和普里—贵霜类型的货币贮藏。其中一个是在 1923 年发现的，但货币的具体数量并不清楚。[65] 第二个是在 1927 年发现的，包括 22 枚普里—贵霜类型的货币。[66] 这个发现中也许还包括两枚雕刻的货币。[67] 随后在 1953 年，又一同发现了 1261 枚普里—贵霜类型的货币和一枚迦腻色伽时期的货币。[68]

27. 努岗发现：1939 年 5 月，在马约巴哈尼地区的乔希普—班加基亚附近的一个铜罐里，发现了 105 枚普里—贵霜类型的货币。[69]

28. 威亚特迦发现：在马约巴哈尼区的基钦的威亚特迦发掘现场出土了贵霜货币和普里—贵霜类型的货币。[70]

29. 马约巴哈尼区发现：班纳吉曾经提到过一个在马约巴哈尼区发现的有 282 枚铜币（其中包括 112 枚贵霜货币和 170 枚普里—贵霜类型的货币）的贮藏。[71]

30. 玛尼卡·帕坦纳发现：1893 年，在普里地区的玛尼卡·帕坦纳附近的谷瑞巴瑞盐厂发现了一个有 84 枚贵霜货币和普里—贵霜类型的货币贮藏。[72]

31. 那亚加尔邦发现：19 世纪在昔日的那亚加尔邦发现了一些普里—贵霜类型的货币。[73]

安得拉邦

32. 比尔英吉发现：在斯里加古兰地区的比尔英吉发现了 100 枚普

---

[65] 《印度考古调查年度报告》，1924—1925 年，第 131 – 132 页。

[66] 《印度钱币纪事》，第 79 页。本文所包含的信息似乎是不完整的。这个贮藏中还有一些迦腻色伽和弗维色伽时期的货币（《大英博物馆货币目录之古印度》引言部分，第 121 页）。

[67] 《大英博物馆货币目录之古印度》，引言部分，第 121 页。

[68] 《奥里萨邦历史研究期刊》第 2 卷，第 85 页。

[69] 《印度货币学协会期刊》第 9 卷，第 107 页。

[70] 《印度货币学协会期刊》第 2 卷，第 124 页。

[71] 《奥里萨邦的历史》第 1 卷，第 111 – 115 页。

[72] 《孟加拉亚洲学会会刊》，1895 年，第 61 – 65 页。

[73] 《孟加拉亚洲学会会刊》。

里—贵霜类型的铜币，并且公布了其中 5 枚。[74]

憍萨罗国——东中央邦和马哈拉施特拉的东北部

33. 根达·柴明达尔发现：1922 年，在比拉斯普尔地区的昔日根达·柴明达尔发现了 25 枚贵霜铜币。几乎所有的铜币都被磨损了，而那格浦尔博物馆只带走了 4 枚迦腻色伽铜币和弗维色伽铜币。[75]

34. 杰哈普里发现：1954 年，一个来自比拉斯普尔地区的杰哈普里（蒙格埃利）村庄的村民（?）发现了 15 枚贵霜铜币，[76] 其中 2 枚被存放在那格浦尔博物馆。

35. 彭达瓦发现：1952 年，在比拉斯普尔地区的彭达瓦村庄（钱德拉布尔）里发现了一些贵霜铜币和游得希亚（?）货币。[77] 它们是和潘迪·罗禅·普拉萨德·沙玛的遗体一起被发现的。

36. 特瓦尔（特拉普尔）发现：在贾巴尔普尔附近的特拉普尔发现了 1 枚瓦苏提婆时期的铜币。[78]

37. 沙赫多尔发现：1965 年，在沙赫多尔地区发现了一个有着 757 枚贵霜铜币的贮藏。在这个贮藏中，有 44 枚阎膏珍时期的货币、324 枚迦腻色伽时期的货币和 362 枚弗维色伽时期的货币，而剩下的 27 枚则无法辨认。所有的货币都磨损严重。[79]

38. 格登吉发现：1973 年 1 月，在比拉斯普尔地区的次区贡迪亚的格登吉村庄里发现了一个有 8 枚贵霜铜币的贮藏。[80]

孟加拉

39. 塔姆卢克发现：1882 年，在米德那浦尔区的塔姆卢克发现了 1

---

[74] 《印度货币学协会期刊》第 32 卷，第 25 页及其后。

[75] 《印度货币学协会期刊》第 17 卷，第 109 页；《中央邦的货币和印章贮藏库存》，第 9 页。

[76] 《印度货币学协会期刊》，第 109 页；《中央邦的货币和印章贮藏库存》，第 10 页。

[77] 《印度货币学协会期刊》，第 109 页；《中央邦的货币和印章贮藏库存》，第 10 页。

[78] 《印度货币学协会期刊》，第 109 页；《中央邦的货币和印章贮藏库存》，第 9 页。

[79] 《印度货币学协会期刊》第 27 卷，第 118 – 119 页；第 28 卷，第 1 – 3 页。

[80] 信息是由马哈拉施特拉邦的首府孟买的考古学理事侯赛因提供的。

枚迦腻色伽时期的铜币。[81]

恰托巴底亚耶说，一些从孟加拉南部地区收集到的贵霜类型的铜币，现在存放在孟加拉的考古理事会。[82] 尽管还未适当地公开这些货币的出处，但不难猜测，这些货币可能是来自与比哈尔邦的乔塔那格浦尔或奥里萨邦接壤的地方。

这一长串贵霜货币的发现资料很明显地说明，贵霜王朝统治的扩张不仅延伸到比哈尔邦、孟加拉和奥里萨邦，还延伸到了安得拉邦、中央邦及马哈拉施特拉东北部地区。但值得注意的是，A 组和 B 组都是装饰品，缺乏直接证据以得出与政治历史相关的任何结论。无论何时何地，任何类型的货币，都可能吸引着人们用它们作为装饰或者干脆为了装饰而仿制这些货币。这些护身符或奖章的原型并不一定是当时的货币或者属于当时的统治者，也不一定在这些统治者的统治范围内。毋庸置疑，罗马从未统治过印度，然而我们却发现罗马货币在印度很受欢迎，而且人们还用金属或黏土制作罗马货币的仿制品制成带环的装饰品，而这与 A 组物品的特征相类似。

在龙树山的第 6 号佛塔的文物中，发现了两枚很小的像货币一样的黄金奖章；就像萨达舍离奖章一样，他们各自的顶部都有两个孔。一枚奖章上面印着一个女人的肖像，另一枚奖章上则印着一个年轻的男人，都清楚地显示了罗马的影响。[83] 此外，在印度很多地方都发现了由黏土坯制成的罗马货币的仿制品，比如西素帕勒格勒赫（奥里萨邦）[84]、圣雄甘地墓（瓦拉纳西）[85]、憍赏弥（布兰迪巴格）[86]、乌贾因（中央

---

[81] 《孟加拉亚洲学会会刊》，1882 年，第 113 页。

[82] 《贵霜时代》，第 238 页，脚注 42。

[83] 《龙树山的佛教文物》，第 21－22 页。

[84] 《古印度》第 5 期，第 101 页。

[85] 《印度货币学协会期刊》第 3 卷和第 5 卷，第 17－19 页。

[86] 存放于安拉阿巴德博物馆，未出版。

邦)[87]、卡拉德（萨塔拉区)[88]、布拉玛朴里（戈尔哈布尔)[89]、博卡尔丹[90]、孔达普尔（安得拉邦)[91]、昌德拉瓦利（迈索尔)[92]。罗马货币从未在这其中的某些地方流通过。

同样地，在公元 14 世纪通过贸易的方式来到印度的威尼斯达克特货币和古威尼斯金币，也是因为同样的目的而被人们制成了货币仿制品。在古吉拉特邦的盖拉地区还发现了印度制作这些仿制品的模具[93]。在马德拉斯博物馆有一个有趣的仿制品[94]。孟买的威尔士亲王博物馆有十几个顶部带环的威尼斯货币的黄铜仿制品[95]。古威尼斯金币仿制品在马哈拉施特拉被人们普遍用于装饰，直到 1882 年；很大一部分中下阶层的女士将其戴在脖子上[96]。人们将它称为“putalī”。同样，莎亚南二世国王时期的银币也被大量制成仿制品。瓦拉纳西的银匠直到 19 世纪 50 年代，还在制作这些仿制品；周边地区的农村妇女们往往把它们当作项链，它们被称为“Hamel”。即使到现在，加贾帕提帕戈达金币（其正面是大象，背面是花卉）依然作为项链受到许多南印度的上层女士的喜爱。

A 组中列出的贵霜项链和奖章，也许就是个相同的例子。它们可能是也可能不是在贵霜王朝统治北印度时制成。同样地，它们或许是在被发现的地方或附近制成的，也可能是通过贸易的方式从外面传入的。

关于用原始的货币制成装饰品的做法，也就是在 B 组提到的那些发现也是如此，村民们依然喜欢把阿克巴的金币戴在脖子上，因此我们可

---

[87] 《考古部门报告》，瓜廖尔邦，1938—1939 年，第 18 页，第 28 卷 b；《印度货币学协会期刊》第 32 卷，第 201 页。

[88] 《卡拉德勘探》，第 30 页，第 14 卷 c 和 d。

[89] 《布拉玛朴里发掘》，1945—1946 年，第 26 卷 B，6。

[90] 《博卡尔丹发掘》，1973 年，第 74 – 76 页。

[91] 《班达伽东方研究所史册》第 22 卷，第 179 – 180 页，第 13 卷 b。

[92] 《迈索尔考古学部门年度报告的补充》，1929 年，第 29 页。

[93] 《印度古文物研究者》第 2 卷，第 213 页。

[94] 《马德拉斯政府博物馆的威尼斯货币目录》，第 4 – 5 页。

[95] 未出版，当时我是那里的货币研究者，看到了这些货币。

[96] 《威尼斯货币目录》，第 4 页。

以顺理成章地想到，婆罗多布尔的王公对笈多金币相当痴迷。当巴亚娜贮藏展现在他面前时，他命令其宝物负责人为他及其随行制作纽扣；即使在他知道这些货币的古董价值后，他依然为自己制作了几枚纽扣。将在苏丹甘杰找到的圆环形的笈多货币和贵霜货币（B 组，第二个发现）合在一起之后，足以证明，贵霜货币即使是在笈多货币流通的时候，也已经被用作装饰品了。

综合以上这些事实来看，A 组和 B 组的发现无法作为确凿证据来证明贵霜王朝曾统治过比哈尔邦或其周边地区。当且仅当有其他的证据来证明这种可能的时候，这些发现才可能被作为间接证据。即便如此，我们也来检查一下这些材料。在 A 组的四个发现和 B 组的三个发现中，只有 A 组中的两个发现和 B 组中的一个发现可能与我们目前这个问题有关联。而其他发现都与这个问题毫无关联，因为与它们相关的货币发行的时期，没有人甚至是认为贵霜王朝曾统治比哈尔邦的人都从未想过这些货币存在于比哈尔邦，没有人想到过，王国的其他主要地方会有这些货币。A 组的第二个和第四个发现；B 组的第二个和第三个发现，则都与瓦苏提婆和他的继承者有关。瓦苏提婆的统治从未延伸至超过马图拉的范围。阿尔特卡尔本人也否定了瓦苏提婆曾在比哈尔邦统治过的说法。他认为瓦苏提婆时期的货币是通过贸易和朝圣者，在公元 3 世纪被带到华氏城的[97]。如果后贵霜货币是通过贸易的方式进入比哈尔邦的话，那就没有理由可以说明，为什么早期或者贵霜货币没有通过贸易的方式进入那里。弗维色伽奖章也可能是由于同样的原因而被引入的。但基于萨达舍离弗维色伽护身符的发现，阿尔特卡尔大胆地提出，贵霜货币在比哈尔邦是非常普遍的，以至于女士们对某些类型的贵霜货币相当痴迷，甚至还命令金匠制作吊坠或护身符等仿制品[98]。如果真是如此，那么我们就理应在比哈尔邦找到大量的贵霜金币。而这就应该在 C 组，即在实际的货币发现中所看到。

---

[97] 《印度货币学协会期刊》第 8 卷，第 146 页。

[98] 《印度货币学协会期刊》第 20 卷，第 3 页。

但在我们已知的 C 组的发现中，只有 4 枚这种货币来自比哈尔邦，另有 4 枚来自孟加拉。从这里我们也发现，大部分的货币都与瓦苏提婆和他的继承者时期有关。所有的孟加拉的发现都与瓦苏提婆有关[99]。他们本身不能证明迦腻色伽和弗维色伽在孟加拉的统治。同样，比哈尔邦的发现也是如此。帕戈尔布尔和华氏城的发现与瓦苏提婆有关，玛蒂亚一葛根的发现则属于寄多罗贵霜，他们几乎是与旁遮普的笈多统治者属于同一时代。这些货币可能最早是在公元 3 世纪时流入比哈尔邦的。现在剩下蒙吉尔发现了。这个发现的类型是非常模糊的，以至于我们很难通过任何证据来确定它的类型。我们并不知道，乔杜里在蒙吉尔的金器商那里看到的货币是否是在比哈尔邦的管辖区找到的。但即使是我们确定这些货币就是在比哈尔邦找到的，也不能说明这里形成了一个贮藏。如果它们属于其中一个相同的来源，那这个发现就不再具有价值了。因为它们不可能在沙摩陀罗笈多时期之前就被埋藏了，并且沙摩陀罗笈多时期的货币就在那里。如果这两枚贵霜货币是与笈多货币分开找到的，即使这样它们所处的位置也是一样的。只有当我们能确定弗维色伽的货币是被单独找到的，它才具有一些价值。但是，这唯一的一枚弗维色伽的货币能证明阿尔特卡尔的观点吗?

通常，货币学家和历史学家认为只有当在这片领土上（假定是属于这个区域）发现了大量的货币，并且这些货币大规模流通到领土其他地方时，才能证明某个国王或王朝在这里的统治。对于贵霜王朝而言，北方邦毫无疑问构成了迦腻色伽和弗维色伽对贵霜王朝的部分统治，因为在这个邦的各个角落都陆续发现了两位统治者时期大量的贵霜金币和铜币。如果比哈尔邦的任何一部分属于贵霜王朝统治之下的话，我们就应该在这个地区发现王朝的大量货币，而不仅是一枚蒙吉尔的货币或几个在别处发现的用货币或货币仿制品制成的装饰品。金币的缺失本身就是

---

[99] 辛格基于《红海周航记》中所提到的一种名为“Caltis”的金币，推断贵霜金币迦腻色伽统治时期引入孟加拉三角洲地区，从而在该地区广泛流通，但在那里并没有找到迦腻色伽或弗维色伽时期的金币。

最值得注意的，它足以表明贵霜王朝从未渗透到东边超过恒河的地方。

但少量的金币并未引起太多关注，之前有关问题也绝大部分是基于铜币所说的。所以，让我们来看看 D 组罗列出的铜币在这个问题上是如何说明的。

这个列表毫无疑问表明了，贵霜货币散布在比哈尔邦、奥里萨邦、孟加拉西部、安得拉邦北部及中央邦东部，即憍萨罗国和马哈拉施特拉，而且发现的这些货币数量都相当可观。在这些基础之上，阿尔特卡尔[100]、班纳吉[101]及辛格[102]都认为贵霜王朝曾统治过比哈尔邦。班纳吉[103]、迪利普库玛尔、甘谷里[104]及布哈拉[105]推测贵霜王朝统治了奥里萨邦，而贾恩则认为贵霜王朝统治了中央邦[106]。印度货币学家通常认为，铜币不会流传太远，而金币和银币则可以通过贸易的方式流传到很远的地方，而且不需要任何政治统治；铜币的存在只能说明这里存在政治占领。这些想法就是建立在这个错误观点[107]之上的。

在我们分析这些观点之前，有必要指出的是，在古代的比哈尔邦，它的政治和地理内涵不同于如今我们所理解的含义。在难陀—孔雀王朝崛起之前，在这个地理边界内有几个邦。很有可能在孔雀王朝衰落后也是如此。而摩揭陀国就是其中的一个，也是最重要的一个。它在佛陀的时代与现代的巴特那加上加雅地区的北部地区相对应，其边界可能是北

---

[100] 《印度货币学协会期刊》第 12 卷，第 121 – 123 页；第 13 卷，第 144 – 147 页；第 20 卷，第 1 – 3 页。

[101] 《印度货币学协会期刊》第 13 卷，第 107 页及其后；《印度历史季刊》第 27 卷，第 294 – 303 页。

[102] 《印度货币学协会期刊》第 35 卷，第 127 页及其后。

[103] 《奥里萨邦的历史》第 1 卷，第 115 页及其后。

[104] 《印度货币学协会期刊》第 28 卷，第 6 – 11 页。

[105] 《印度货币学协会期刊》第 32 卷，第 25 页及其后。

[106] 《印度货币学协会期刊》第 28 卷，第 1 – 3 页。

[107] 铜币的发现地是统治的最好证明，因为铜币不能在离开其发行地后到远处流通，但这个说法目前还没有根据。由于铸币的原因铜币肯定在全国范围内流传，这个数量可能非常庞大，会是一个巨大的数据，远远超出我们所能确定的（塔姆：《在巴克特里亚（大夏古国）和印度的希腊人》，第 441 页）。

到恒河，西到松河，南边一片茂密的森林延伸到乔塔那格浦尔高原，东到泱伽。瞻波河就是摩揭陀国和泱伽的边界[108]。但根据坎宁安的说法[109]，摩揭陀国占领了更广的区域，北至恒河，西至贝拿勒斯（瓦拉纳西）地区，东至希兰亚—钵伐多或蒙吉尔，南至迦尔那—苏瓦尔纳或辛格布姆。西藏传说所指的迦腻色伽在华氏城的扩张以及耆那教传说所提到的穆伦达在华氏城的统治，都意味着华氏城是摩揭陀国的有边界的一个邦。为了证实这些认为贵霜王朝曾统治过摩揭陀国的传说，我们需要像之前在北方邦所找到的那样，在这里找到大量货币。但事与愿违，我们只在华氏城找到几枚铜币。

如今对于1912—1913年在发掘现场出土的货币，我们都不清楚它们的背景。我们只知道1951—1955年出土的货币的一些背景，它们发现于公元100—300年的地层中。但在报告中并未确切说明，这些货币是否是在与这个日期下限或上限接近的地层中发现的。一切都有可能，但即使货币是在早期的层级中被发现的，即贵霜王朝在北方邦统治的时期，这些仅在一个地方找到的货币也无法证明贵霜王朝曾统治过摩揭陀国。如果我们能够找到一些分布在瓦拉纳西和华氏城之间广阔区域内为数不多的货币，那它们肯定具有一定价值。在这个方面，该地区完全空白，这似乎表明这些货币可能是通过除政治占领以外的其他方式流入到华氏城这个重要的中心城市。

阿尔特卡尔反复强调伯格萨尔的发现——在恒河的岸边上，也就是在北方邦和比哈尔邦的边界处（在这里叫摩揭陀国）。但这个贮藏也不能揭露任何足以表明贵霜王朝在恒河一侧的摩揭陀国的统治的迹象。一个邦的货币在另一个邦的领土上流通，并流传到边界，这极为常见。以前，瓜廖尔曾经是王侯领，当时其货币在外流通，一侧远至阿格拉，另一侧远至伊塔尔西。同样，即使到今天，住在印度与尼泊尔边界附近的

---

[108] 《印度的剑桥历史》第1卷，第162页，德里，1955年。同样也能在《佛教印度》中看到，第12页，加尔各答，1957年。

[109] 《古印度地理》，第518页。

北方邦和比哈尔邦的人们也在自由使用尼泊尔货币。这仅仅是因为在边境两边生活的人们可以更加方便，但这绝不意味着辛地亚家族的扩张延伸到了阿格拉或伊塔尔西，抑或是尼泊尔扩张到了印度。同样，这也是对在恒河旁的伯格萨尔找到的贵霜货币的解释。在缺乏其他任何确凿的证据的情况下，我们不能对之加诸任何政治意义。

伯格萨尔发现除了与华氏城发现完全隔离，还存在一个显著的特征，那就是伯格萨尔贮藏并不完全是贵霜货币。它也包括阿逾陀（憍萨罗国）的密多罗统治者时期的公牛—公鸡类型的货币。在阿逾陀（憍萨罗国），本地的统治者从巽伽时期一直统治到至少公元2世纪，形成了一个连续的统治者链。因此，贵霜王朝和密多罗的统治者是同时代的[110]。估计在同一时期，贵霜货币不会在阿逾陀（憍萨罗国）的领土上和当地货币同时流通。如果在同一个贮藏里发现了这两种系列的货币，那么它仅仅意味着（如果这个贮藏是在阿逾陀的领土上发现的）贵霜货币和阿逾陀货币同时存在。而且这个在阿逾陀领土上发现的贮藏有着这两个系列的货币。并且在它们中只有少量的阿逾陀货币，而贵霜货币是主要的[111]。这表明，贵霜货币于公元2世纪末或公元3世纪初期时驱逐了阿逾陀货币。这将反过来表明贵霜货币只是在贵霜王朝衰落后才进入阿逾陀国领土的。因此，伯格萨尔发现并不能说明贵霜王朝在后贵霜王朝时期占领了摩揭陀国。

如果人们认为，在阿逾陀国的领土上发现的贵霜货币的贮藏是贵霜

---

[110] 阿尔特卡尔认为发行公牛—公鸡类型货币的阿逾陀的密多罗国王很有可能稍微晚于迦腻色伽或瓦苏提婆时期。他将这些国王归于公元2世纪，并认为他们可能是贵霜的封臣，而且被允许发行货币。（《印度货币学协会期刊》第12卷，第123页）。但如果我们能意识到笈多王朝和莫卧儿王朝曾是印度最伟大的王朝，就可以断定这个说法并不成立，他们中没有谁曾允许封臣发行各自的货币。阿尔特卡尔自己也承认，笈多王朝的封臣没有被允许自己铸币（《笈多王朝—伐卡陀迦时代》，第41页，脚注2）。我不知道提出这个观点有何依据。如果阿逾陀的贵霜王朝的任何封臣被允许发行自己的货币的话，那么这些货币就肯定会受到贵霜货币的影响，但阿逾陀货币却没有这样的影响。这无疑表明，他们是完全独立的。

[111] 《印度货币学协会期刊》第20卷，第4－5页；《印度历史季刊》第29卷，第216页。

王朝在阿逾陀国领土中的政治扩张的象征，那么就必须放弃迦腻色伽在公元 78 年崛起的说法，而且必须将该事件归于公元 2 世纪中的某个时间[112]。但即便如此，仅凭孤立存在的伯格萨尔贮藏，是无法证明贵霜王朝曾扩张到摩揭陀国的。

我们没有任何货币学证据来证明贵霜王朝曾统治摩揭陀国。如果真如中国传统记载所述，迦腻色伽曾成功地远征到了华氏城，但是它却完全没有留下任何印记。他们并不能证明东印度属于贵霜王朝。同样地，如果事实正如耆那教传说提到的穆伦达真的统治了摩揭陀国那样，那么无论如何，它们也不可能属于贵霜王朝。

在这些事实的基础上，如果人们认为，D 组中罗列的贵霜铜币意味着贵霜王朝在东部的政治扩张的话，那只能表示这种扩张是双管齐下的。一个是贵霜王朝的领土在北方邦的延续，向东北方延伸到恒河北部地区：萨朗、查姆帕兰、穆扎法尔布尔及比哈尔邦的达尔彭加（为便于参考，这个区域被称为“北部地区”）。而另一个扩张则是向南，即摩揭陀国的南部。它是由比哈尔邦的贾坎德邦部分、奥里萨邦、孟加拉西部、安得拉邦东北部、中央邦东南部（即憍萨罗国）（这个区域以后在这篇文章中将被称为“南部地区”）组成的。因此在两者之间产生了一个很大的空隙，贵霜王朝在这两片扩张区域的中间的东部形成了一个被其他人统治着的独立的摩揭陀国。货币的发现进一步揭示了贵霜王朝南部扩张的本质就像一个独立的口袋，切断了王朝的主大陆。而这与最近我们有段时间讨论的两个巴基斯坦问题十分相似——东部和西部。

然而，不可思议的是，印度北部向东的扩张没有包括摩揭陀国，在古代印度历史上的任何一段时间里也没有所谓的东部的巴基斯坦状的口袋与王朝主大陆分离。但我们必须牢记的是，如果贵霜王朝占领了摩揭陀国两边的土地，那它就没有任何理由不侵略摩揭陀国。那里没有任何力量能够阻止它占领这个地方，贵霜王朝也绝不会让摩揭陀国脱离

---

[112] 这个偏后的日期如今被许多学者认可。在伦敦举行的一场研讨会上，大家表达了对这个问题的不同看法。《迦腻色伽时期的研究》，莱顿。

掌控。

在摩揭陀国没有发现贵霜货币就是一个确凿的证据，这个证据足以证明贵霜王朝没有统治过摩揭陀国，所以除非有其他证据可以证明，否则在摩揭陀国的任何一侧发现了贵霜货币都不能作为证明贵霜王朝曾在这两片领土上有过政治统治的证据（“北部地区”和“南部地区”）。仅仅通过理论认为铜币的出现代表着政治统治是远远不够的[113]。铜币的出现可以有很多原因和机会，比如它们可以像金币和银币那样被携带到很远的地方。在得出任何有关政治意义的结论之前，它们都必须经过评估。

在“南部地区”的大部分发现中，贵霜货币是和被认为是奥里雅—贵霜货币或贵霜货币仿制品的普里—贵霜类型的货币一起被发现的。因此，这就说明这两种类型的货币流通于同一时间。也可以推测：在贵霜王朝统治印度的最后一段时间里，当公元 2 世纪或公元 3 世纪，在旁遮普—拉贾斯坦地区与正在崛起的游得希亚人和其他部落战斗时，贵霜货币在印度东部部分地区的供应变得短缺；随后贵霜王朝东部省份的总督们就被授权发行货币，以期满足该地区货币的短缺。有人提出“南部地区”曾被贵霜王朝通过总督统治过，然后这些总督发行了普里—贵霜类型的货币[114]。萨珊王朝也是这样的一个例子，这个王朝通过地方长官来统治它们在印度的领土，并且地方长官被允许发行自己的货币。因此，若存在一些证明足以支持这样的假设，那么这些说法则很有可能成立。而如果这些普里—贵霜类型的货币确实是由贵霜王朝的总督或地方长官发行的话，那就应该在整个“南部地区”找到分布在各个地区的货币。但根据我们已知的发现可以得知，普里—贵霜类型的货币仅仅存在于比哈尔邦的辛格布姆地区和奥里萨邦地区，并且只有一枚是

---

[113] 我自己也无法忽视这种说法。我对这些早先发表的众多有关这个理论的论文非常依赖，但我这么做是不对的。这些论文需要根据此处的提法进行仔细审视。

[114] 辛格（见前引书，第 127 页及其后）这个说法首先是由甘古利提出的（《印度货币学协会期刊》第 28 卷，第 11 页）。

在安得拉邦发现的。它们明显都不存在于比哈尔邦的哈扎里巴县地区、孟加拉及中央邦的发现中。

同样，如果这些货币是由贵霜王朝的地方长官发行的，那这些货币就应该是和贵霜货币的风格一样，而不应仅仅是这些仿制品的外表有着贵霜风格的图像。萨珊王朝地方长官在他们的省份发行的货币与萨珊王朝国王自己发行的货币十分相似，完全不像仿制品。而且这里是铜矿和金属贮藏丰富的地区，所以制作货币完全没有任何困难，因此货币的发行应该与贵霜货币的图案、形状、大小和重量皆一致。而这些事实本身就说明了这些货币不是由任何一个处于贵霜王朝权威下的地方长官发行的。

在巴拉索尔、拉罕山及班加基亚的一个发现中（D 组列表中的第 19 个、第 18 个和第 26 个发现）有雕刻版的普里—贵霜类型的货币。在巴拉索尔和班加基亚发现里的货币币文是人们从未见过的。拉罕山的货币上的币文被读作“leṅka”或“taṅka”，但这些读法都是不确定的。难以确定货币上的币文是指一个面值还是指一个地方或人的名字。然而，对我们来说，它的古文字学才是最重要的。在此基础上，班纳吉认为这些货币源自早于公元 7 世纪的时代[115]。但艾伦则不认为这些货币源于这么晚的时代。他认为，这些币文与沙摩陀罗笈多的布兰迪巴格铭文相类似，所以这些货币起源于公元 3 世纪末或公元 4 世纪初[116]。拉曼钱德拉则认为这些货币起源于公元 4 世纪，因为他在一个岩石覆盖物或其周围发现了一些印着蛋彩画的货币，而这些蛋彩画就源于这个时期[117]。报告显示，在西素帕勒格勒赫发掘现场中出土的普里—贵霜类型的货币是在公元 300—350 年的地层中发现的[118]。因此，可以合理地确定普里—

[115] 《比哈尔邦和奥里萨邦研究学会期刊》第 5 卷，第 180 页。
[116] 《大英博物馆货币目录之古印度》引言部分，第 112 卷，脚注 2。
[117] 《印度货币学协会期刊》第 8 卷，第 69 页。
[118] 《古印度》第 8 期，第 97 页。

贵霜类型的货币源于公元 4 世纪早期⑲。而在此时，贵霜王朝的统治范围已经缩小到位于旁遮普的小国家。所以，认为这个时期远至东部地区有任何贵霜王朝总督统治的说法，都只是人们的想象罢了。

因此，很明显普里—贵霜类型的货币是由当地的统治者或掌管这片小领土的统治者发行的，并且仅仅局限于奥里萨邦和邻近的比哈尔邦以及安得拉邦的边缘地区。他们效仿了贵霜货币的图案，然后在当地市面上开始流通，但同时也有自己在技术、材质和重量上的创新。这足以证明贵霜货币在这个时期，或者说在其之前的公元 3 世纪就在这个地方流通了。如果贵霜货币在贵霜王朝统治印度之初或迦腻色伽时期就开始在这里流通，并且一直持续到公元 3 世纪或公元 4 世纪的话，那在这些发现中找到的货币，就应该不仅是迦腻色伽和弗维色伽时期的货币，还应该有瓦苏提婆时期的货币，但瓦苏提婆货币则明显都并未被发现。这就表明，货币流入奥里萨邦的时候仅存在于瓦苏提婆在北方邦的统治结束的时期，并且它们仅仅是通过贸易或旅行的方式流入该地区。

显而易见，在这个时期，奥里萨邦和其相邻的地区还为航海者们充当了印度的门户，这些航海者定期向远东的岛屿航行，他们的航海记录被记录在故事和其他史学作品中。从恒河流域到奥里萨邦的路线不经过华氏城，而是从瓦拉纳西经过米尔扎布尔，中间穿过贾坎德邦，直接到奥里萨邦。我不知道这条路线是否曾在其他任何史学作品里提及，但在研究过程中，我是通过许多其他途径才得知这条路线的。在研究史前铜币的过程中，我发现这些物品几乎在贾坎德邦地区到处都有分布，并且延伸到了帕拉姆地区，而之后它们只存在于恒河流域的瓦拉纳西地区，从那时起，它们便往西迁移到了亚穆纳—恒河平原地区。在摩揭陀国以及以北地区都未曾见过这些物品⑳。同样地，在比哈尔南部发现的银

---

⑲ 史密斯认为普里—贵霜类型的货币始于公元四五世纪（《印度钱币纪事》第 1 卷，第 64 – 65 页）。阿查里雅认为，普里—贵霜类型的货币代表了在笈多王朝时期繁荣的奥里萨邦国王（《印度货币学协会期刊》第 2 卷，第 125 – 126 页）。

⑳ 这个研究预计将会以《早期印度的铜制品》为题发表。

“戳印”币也表明，这些货币明显都从摩揭陀国和恒河平原的分布中隔断了，并且出现在贾坎德邦地区和瓦拉纳西地区[121]。最近，在帕拉姆地区发现的莫卧儿货币的贮藏表明，这个地方与瓦拉纳西联系密切，而不是与巴特那和达卡——莫卧儿王朝管理下的主要城镇。这个贮藏包含了大量的贝拿勒斯铸币以及其西部的铸币，而仅有几枚或者可能是没有巴特那和达卡的铸币[122]。

直到奥里萨邦或者与比哈尔邦的边境地区时，我们才对瓦拉纳西以东的贵霜货币有所了解。对此，你可能会问：如果这就是古代从瓦拉纳西到奥里萨邦的路线的话，那么在贵霜货币的发现中也应该找到其踪迹。但这种踪迹很少用于表明贸易路线。人们经常会发现货币突然从一个地区流入另一个地区。例如，罗马货币出现在南印度，但其路线却毫无踪迹可寻[123]。同样地，贵霜货币出现在阿比西尼亚[124]，也没有在路途中留下任何痕迹。或许，这些例子根本无法与如今这个例子相匹配。因此，或许可以指出在憍赏弥[125]找到的犍陀罗的弯曲棒状货币这个例子，在整个长长的路线中都找不到任何踪迹。同理，在遥远的斯里兰卡（锡兰）发现的苏罗娑（马图拉）加纳帕达的地方银“戳印”币也是如此[126]。印度—希腊货币在远离其发源地的北方邦的赫米尔布尔地区被发现[127]。通过以上所有例子以及其他例子，足以说明货币是商业交流的结果。它们表明，只有在一个地方是一个重要的贸易中心的条件下，一个领土的货币才会在另一个领土上出现，而奥里萨邦正是一个重要的贸易中心。

在北方地区，即比哈尔邦的萨朗、查姆帕兰、穆扎法尔布尔及达尔

---

[121] 作者为其博士论文《古印度的“戳印记号”钱币》所做的路线图，提交至贝拿勒斯印度大学（未发表）。

[122] 《印度钱币纪事》第6卷，第51页。

[123] 笈多：《安得拉邦的罗马货币》，海得拉巴德，1965年。

[124] 《印度货币学协会期刊》第29卷，第19页及其后。

[125] 《印度货币学协会期刊》第12卷，第81页。

[126] 科伦坡博物馆的货币是在这座岛上收集到的。

[127] 《印度古文物研究》第32卷，第217页及其后。

彭加地区，这些发现贵霜货币的地方都是贵霜王朝时期的主要领地，因此它们的发现很可能被视为贵霜王朝政治扩张的结果。但至少从三个发现中可以看出，事实并非如此。拉古萨发现（第3号发现）和伯格萨尔发现（第9号发现）在其内容上非常相似，比如，在发现了贵霜货币的同时，也发现了阿逾陀的密多罗统治者的货币，而且货币的发现地同样也几乎都在北方邦的边境。所有关于伯格萨尔发现的说法都同样适用于它。这表明，这个贮藏是在贵霜王朝衰落后而存在于比哈尔地区的。

第二个是在1937年找到的劳里亚南登格尔发现（第4b号发现），它有旁遮普类型的贵霜货币仿制品以及贵霜货币。旁遮普仿制币的存在本身即表明，货币是在贵霜王朝衰落后的一段时间后进入这个地方的，并且其进入时间很有可能是在公元4世纪。

最重要的是于1958—1962年在毗舍离发掘现场（第7号发现）发现的货币。挖掘者在他们的报告中承认，这里发现的贵霜货币是在后期的地层中发现的。透过这篇报告的字里行间，我们得以知晓，这些货币并不存在于贵霜王朝强盛的那段时期。

但发掘者们却错过了由他们的铁锹挖出来的最重要的证据，那就是在发掘现场出土的且两侧都有加粗的“S”的标记的阎膏珍的货币（图1）。这个“S”就是花拉子模地区（在中亚）的阿夫里格王朝的统治者的印章“tamghā”，它于公元4世纪时在该地区取代了贵霜王朝。这里的统治者们大量发行这些有“S”标记的贵霜货币[128]。而加印有该标记、在毗舍离发现的花拉子模的统治者阿夫里格王朝的贵霜货币，就是一个确凿的证据。其不仅可以证明贵霜货币在毗舍离的流通始于公元4世纪，而且还能证明铜币可以流传到很远的地方。在这个例子中，阎膏珍加印带有中亚阿夫里格王朝统治者印章的货币曾从花拉子模一直流传到印度

---

[128] 1968年，在杜尚别举行的贵霜时期中亚的历史、考古和文化会议中发表的《苏联中亚考古学注释书目》和《贵霜文化》的货币部分中，罗列了在中亚发现的大量此类加印图案的贵霜货币。

的远东地区毗舍离。

根据这些观察不难联想到，在北部地区和南部地区的贮藏里发现的货币也许正是通过同样的方法从后贵霜时期占领的领土上流传而来的。目前尚缺少任何货币学证据能够证明贵霜王朝曾扩张到了比哈尔邦东部、孟加拉和奥里萨邦或其他任何地区[129]。

关于贵霜铜币在贵霜王朝衰落后还在笈多传播的原因，很明显其传播并不是为了扩张。笈多王朝大量发行金币，但却无法满足普通人的需求[130]。他们的银币很少且仅局限于印度西部和中部，也仅仅于公元4世纪末的旃陀罗笈多二世时期在这里流通。贵霜王朝没有发行过银币。而笈多王朝发行过的铜币也是很稀少的。因此，在笈多王朝时期，想用小面额货币的人们别无他法，只能使用丰富且容易获得的贵霜铜币。贵霜铜币通过贸易的方式进入东部领土，它们很有可能并非作为货币，而只是作为被需要的商品而被使用。商人可能会以某种溢价出售或兑换这些铜币，从而使他们从西方带来的这些货币中获利，来解决他们遇到的麻烦。

---

[129] 因此，货币学证据是不确凿的，讨论碑文和艺术的证据没有任何意义，因其本身就站不住脚。在瓦拉纳西之外的东印度的其他任何地方都没有发现过印有迦腻色伽或弗维色伽名字的铭文。文本里出现过少数阿德里斯班纳吉引用的铭文，碑文研究学家为了方便，将其叫作“贵霜”。这并不表示这就是贵霜统治者的专属铭文。这仅仅表明铭文出现在这个时期，当时贵霜统治这个国家，这种铭文正时兴。同样地，在这些地方发现的是贵霜时期的石头雕塑，由卡拉的红色砂岩制成，因此是从马图拉引进的。它们在当前的讨论议题中里没有任何意义。还有一些陶俑，被一些学者用来证明贵霜统治了比哈尔，但实际上这些陶俑与在北方邦的许多地方找到的非常相似。如果联系上在北方邦所找到的这些发现的话，那它们就不能被认为是任何一个地方的本土产品。所以它们不一定是当地的。即使到今天，在排灯节时期所需要的伽尼萨和幸运女神的陶俑，也是从瓦拉纳西引进到巴特那以及比哈尔的许多地方的。即使这些陶俑是比哈尔当地的，它们也只能证明人们之间的文化交流，而不能说明任何政治意义。

[130] 金币在莫卧儿王朝皇帝的时候也非常丰富。但据塔韦尼埃所说，塔韦尼埃曾在1641—1666年五次访问印度时告诉我们，那时金币还没有在商人之间流通。他们几乎从没有挽救过大贵族们的家族（《旅行》，鲍尔编，第1卷，第18页）。同一时期的另一位旅行家泰弗诺也证实了这件事。他写道，金币一般不通过贸易流传（《旅行》，英文翻译版，1687年，第三部分，第18页）。笈多王朝时期也（应该）是这样。

第七章
罗马—贵霜奖章：类型和重要性*

1972 年，我在大英博物馆的钱币纪念币馆待过的一段时间里，该馆的管理人詹金斯向我展示了一枚非同寻常的金质奖章。这个奖章中央有一个圆盘，边缘装有一些绳子，顶部的耳上挂有一些珠串（图 29）。由此看来，这个奖章本质上是一件珠宝，并可能用作项链的吊坠或其他装饰品。货币研究的重点在于中央圆盘，圆盘一面刻着罗马皇帝君士坦丁一世的半身像，另一面刻着贵霜王朝幸运女神阿道克狩的神像（站立着的，与在弗维色伽货币上的一样）。对于这种不同寻常、具有典型贵霜货币特征和罗马货币典型特征的双人物刻画，在我之前便早已引起了戈比的注意，他在一个德国货币杂志上发表过一篇与这枚奖章有关的文章。①

在文章中，戈比追溯了公元 325—326 年在君士坦丁和尼西亚的维

---

* 本文最初发表在 1976 年的《印度货币学协会期刊》第 38 卷，第 73 – 81 页。

① 相关信息出自中亚古代史资料。该资料记录了贵霜国王迦腻色迦的第一年，出现在《奥地利科学协会期刊》，社会科学第 7 分册，第 149 – 151 页，1964 年。这篇报告的英文翻译是由我的好朋友——大英博物馆的洛伊克提供给我的。

纳尼亚发行的货币中罗马图案的起源。他还注意到了瓦苏提婆时期货币上贵霜王朝女神阿道克狩的坐画像与公元330年发行的银徽章上君士坦丁像之间的相似之处。基于这种相似性，他认为，如果仿制者早已熟悉这种形式的阿道克狩（坐画像），那么他自然会将它用于其模具当中。但是据他所说仿制者并没有这样做，这也意味着，这枚奖章并非生产于公元325年之后。因此，他认为贵霜王朝统治者弗维色伽和君士坦丁大帝统治时间的间隔较短。总之，他提出，“当萨珊王朝有了笈多王朝的帮助，并试图将贵霜王朝置于两面受压制的处境时，君士坦丁统治下的罗马意识到遥远的贵霜王朝是萨珊王朝的敌人，而萨珊王朝可能会将波斯帝国卷入腹背受敌的战争中。因此，很有可能在君士坦丁大帝即位二十周年的时候，发行了各种各样的奖章送给了贵霜王朝，而混合图案奖章正是在这样的条件下发行的”。

戈比在《印度钱币协会杂志》上重新发表了关于这个奇特的奖章的报告。[②] 同时他还更加详细地重申了他早期对于双面圆形中央圆盘图案原型的观点，他对此的结论是相当不同的。他现在说道：“（1）奖章是在印度打制的；（2）这是一个正规贵霜王朝造币厂生产的；（3）它应该是由瓦苏提婆二世在大约公元325年和公元330年之间发行的，或许仅仅是在这之后不久（在任何情况下都不晚于公元337年）。”戈比对发行这种混合图案奖章的原因发表了全新的看法。他还说：“瓦苏提婆在同迦腻色伽二世的斗争中，向他父亲弗维色伽的老朋友寻求政治帮助。他寻求帮助的对象是君士坦丁一世，正如图案正面所示，无论如何奖章发行的时间应该先于公元337年，即伟大的君主逝世的那年。”基于这些假设，戈比认为这枚奖章足以作为有关（1）后来罗马帝国和印度贵霜王朝的关系，以及（2）贵霜王朝编年的重要证据。

只要奖章上刻画的君士坦丁一世半身像的身份是确定的，那么人们很可能同意戈比的观点。这枚奖章也极可能是根据那些他之前引用的那些货币仿制的，在此基础上，人们会认为这枚奖章不可能出现在早于公

② 《印度货币学协会期刊》第38卷，第21－26页。

元 325 年的任何时期。而这个日期应该是最终日期。但是最终日期的时间都不可能确定不变。根据他所列举的证据，他所说的奖章发行时间是在公元 325 年和公元 337 年之间很难让人信服。而君士坦丁坐画像是迦腻色伽三世（戈比认为是迦腻色伽二世）货币上阿道克狩坐画像的原型的说法，仅仅是一个猜想。这个猜想是基于戈比关于迦腻色伽时代开始于公元 232 年的假设而提出的。③ 但是，只有这个起源时间完全确定，我们才能将其用于讨论其他一些观点。

如果我们承认公元 232 年是这个时代的开端，那么将意味着贵霜王朝铸币厂可能采用了宙斯的坐画像为阿道克狩坐画像的原型。宙斯坐画像在印度—希腊地区的货币中是稀松平常的图案，在这个民族的最后一位统治者——赫尔默乌斯的货币上也可以看到④。除此之外，这个图案也出现在萨卡—安息货币上⑤。印度—希腊和萨卡—波罗瓦货币往往是和贵霜货币一起被发现的。由此可知，和罗马用于纪念君士坦丁登基的君士坦丁坐画像货币相比，这个图案更容易被贵霜王朝铸币厂的管理者采用，而君士坦丁坐画像很稀有并且在贵霜王朝领土从未见过。

尽管如此，如果我们像戈比提议的那样假设奖章两面的图案为同一时期，那么我们必须确定在发行这样具有两个代表完全不同且相距甚远的国家的图案的奖章背后，是有着特定目的的，且存在令人信服的动机。我们知道罗马帝国和贵霜王朝之间的贸易关系，但我们在考古或历史方面没有发现两国有任何政治以及外交关系。我们没有任何证据可以证明君士坦丁一世或者其他任何罗马皇帝和弗维色伽或者其他贵霜王朝统治者之间存在任何友谊。在缺乏这些基本证据的情况下，戈比在德国文章中提出奖章发行的解释和印度文章中的解释一样，仍然是毫无意义和分量的简单猜想。

---

③ 没有学者分享过关于这个日期起源的观点。

④ 拉希里：《印度—希腊货币全集》第 3 卷，第 3 节；第 4 卷，第 2 节、第 3 节和第 7 节；第 5 卷，第 3 节和第 4 节；第 21 卷，第 1 节、第 2 节、第 5 节和第 9 节等。

⑤《旁遮普博物馆货币目录》“印度—希腊货币”部分。

萨珊王朝掠夺了贵霜王朝在西部地区的领土，并自称对贵霜王朝及贵霜王朝领土拥有统治权。但我们没有任何原始资料表明笈多家族曾经以怎样的形式对贵霜王朝施加压力。即使我们和戈比同样进行假设，即假设贵霜王朝受到萨珊王朝和笈多家族的两面压制，但我们不知道罗马帝国和萨珊王朝之间曾发生过什么冲突，也没听说过罗马皇帝有攻占萨珊王朝的想法。如果有理由足以使这样的假设成立，那么这个理由只可能是像政治理论中所述的“敌人的敌人就是朋友”一样，即贵霜王朝和罗马帝国结盟是为了对抗萨珊王朝这个共同的敌人。这可能是戈比提议的言外之意。但如果我们考虑实际情况，也不难得知，罗马皇帝是无法预先估测到贵霜人在罗马帝国对抗萨珊王朝这场战争中将发挥的作用，同样贵霜王朝也缺乏恰当的时机同罗马皇帝建立友谊来共同对抗萨珊王朝。

在罗马帝国对抗萨珊王朝的任何战争中，贵霜王朝只能在自己这边竭力向萨珊王朝方面施压，以缓和罗马人在战场上的局势。但对贵霜王朝而言，这种做法无异于自杀。他们根本无法与萨珊王朝相抗衡。可以说，贵霜王朝施压于萨珊王朝的做法对罗马人的处境毫无改善，相反，这样的做法却使萨珊王朝将愤怒向罗马人发泄。戈比本人也承认贵霜王朝犹如三明治的夹心一样，被夹在萨珊王朝和笈多家族之间。在这样的压力之下，如果萨珊王朝被卷入了与相同实力敌人对抗的战争中，那么贵霜王朝就可以松口气了，因为他们最想要的就是从这场战争中抽身。但是贵霜王朝从未向罗马帝国表现出任何象征友谊的姿态。针对这些简单的事实，我们认为在罗马帝国和萨珊王朝发生任何冲突的情况下，罗马皇帝对贵霜王朝的任何馈赠都不会带来其所期望的任何结果。君士坦丁大帝一世在即位二十周年的时候，不会如此愚蠢地在毫无物质利益可图的情况下，送出各种礼物去安抚贵霜王朝统治者，并因此发行混合图案的奖章。

即使我们真的荒谬地假设君士坦丁一世愚笨到无法正确评估当时的政治形势，而且抱有某些不切实际的想法，从而希望发行奖章来安抚贵霜王朝，但是奖章本身既不支持这样的假设，也缺少证据能够表明它是任何一个罗马造币厂的产物。

假如奖章确实由罗马造币厂生产，那么造币厂的切割工人应该非常熟悉这些他们日常使用的币模，绝不会弄错货币的切割和罗马币文。再者，负责造币的人也不会不清楚金币被生产出来的目的。他们肯定知道这些奖章是用来安抚弗维色伽，且是作为战争联盟的邀请，或者至少用于建立外交关系。所以铸币者必定会选择代表战争、胜利和友谊的神像刻在奖章之上，而非选择代表财富和繁荣的幸运女神阿道克狩神像。在弗维色伽时代的铸币史上，奖章图案上并不缺乏可以明确传递信息的诸神神像。而选择女神像来作为奖章图案的不恰当之举也足以表明，这类奖章并不是出于上述目的而生产的。如果它是被当成礼物送给弗维色伽的话，那么制作者肯定会非常小心的正确复制弗维色伽的个人徽章。正如我们在贵霜货币上发现的突出印章图案一样，就算是门外汉，但只要他们看过这些货币，也能够明白印章图案所欲表达的意思，因此仿制者肯定不会遗漏奖章上的任何纹路。

戈比似乎已意识到他的德国文章中所发表的观点是多么荒谬，因此他在最新文章中摒弃了先前的观点，并重新提出了一个新的理论来解释这枚奖章的产生。但不幸的是，新理论同样毫无根据且缺乏说服力。

目前没有证据能证明，瓦苏提婆二世和迦腻色伽二世（或者是三世）间曾有过任何斗争或冲突。货币学也足够清楚地表明，从瓦苏提婆二世到迦腻色伽三世（戈比认为是迦腻色伽二世）的王位继承平静祥和。而瓦苏提婆二世并没有理由向任何地区寻求任何政治或军事援助。即使他可能会有这种需求，他似乎也不太可能向罗马君士坦丁一世寻求援助而不是向和他关系较好的弗维色伽（关于这一点我们没有证据）。罗马帝国不可能在向瓦苏提婆二世提供援助的情况下还保证自己在同两国之间的萨珊王朝的对抗中不危及自己的地位。纵然我们相信瓦苏提婆二世会向君士坦丁一世寻求帮助，并出于这个目的发行了这种特殊图案的奖章。那么毫无疑问，在奖章图案上他会像罗马皇帝一样表明自己的身份。然而在现有的图案中，尽管奖章的一面上刻有作为瓦苏提婆二世的盟友——罗马皇帝的半身像，但是另一面本应是瓦苏提婆二世的图案，我们却毫无发现。如果没有这些，至少上面应该有瓦苏提婆二世的印章，但事实上我们也没有发现。相反，上面却借用了弗维色伽货币上的阿道克狩图像，这图案也不符合当时的境况。如果按照戈比的提议这枚钱币上的图案是为了强调弗维色伽和罗马皇帝之间的友谊，那从弗维色伽货币上的图案恰当地选择代表友谊、和平、战争或是胜利的众神是很容易的事。而从人体学和雕塑风格上来看，女神穿的衣服明显不同于贵霜王朝任何时期的服装风格。布料呈现出不同于以往的特殊流线型趋势。而且，人体刻画又非常粗糙，以至于我们无法辨识是否是右手支撑着丰饶之角，抑或仅是衣裙的底部。因此，整个图案样式绝对不属于贵霜王朝的风格。这些事实对戈比提出的奖章是由瓦苏提婆二世或其他贵霜王朝统治者发行的这一观点产生了疑问。而显而易见的一点就是，事实上这个印章图案在奖章上的刻画是有缺陷的，并且没有正确重制传说中的阿道克狩形象，因此货币的确不是由贵霜王朝的统治者发行的。我们难以想象贵霜王朝雕刻师竟愚笨到不知神像的正确形式，并且还犯了这样明显的错误。

总体而言，图案上没有任何东西可以表明它是罗马造币厂（就如戈比在德国文章中推断一样）或贵霜造币厂所生产的（他在之后的文章中也公开提到过）。同时，这个图案（无论是真实的抑或虚构的）也没有任何证据表明是罗马帝国和印度贵霜王朝之间政治与外交关系的见证。目前没有任何证据能够表明货币两面采用的两种图案是分别借用于当时的两种货币，也不能说明戈比所提出的君士坦丁一世和弗维色伽或者瓦苏提婆属于同一时期以及这是支持迦腻色伽时代的无懈可击的证据的说法。初步来看，这些钱币样的奖章只不过是一些天马行空的珠宝商制造出来的幻想。因此，这些奖章是不具有历史价值的。

但是，这枚钱币依然引起了钱币奖章收藏家的兴趣，他们可能还是想要知道这枚奇特奖章的来源。上文提到的在戈比后来的报告中提出这枚货币起源于印度的想法。他认为印度人痴迷于货币之美，并把它们当作项链、手镯或者吊坠。贵霜货币对习惯将货币作为珠宝装饰品的人而言并不陌生。⑥ 出于同样的原因，印度人也注意到了罗马帝国货币。他们不仅使用罗马本土货币作为装饰品，而且还用黏土制作罗马头像或者半身像垂饰。⑦ 有一枚与此相似的奖章，一面刻着贵霜货币的图案，另一面刻着罗马帝国的图案。⑧ 戈比已在他的论文中引用了这枚奖章。但是像这样的罗马货币的印度仿制品在印度人的制造中总是粗糙的，与任何特定罗马皇帝的头像或者是半身像的样式都不像，但是印度人并不关心真正的肖像是什么样子。当我们将现在的这个奖章和印度仿制品图案相比较时，不难看出前者刻画了一个真正属于君士坦丁一世的半身像，而且还可以看出其完成之精细程度和印度仿制品大有不同。此外，虽然货币或其仿制品在印度被当作珠宝，但从未发现任何和现有的奖章相似的框架装置。这些钱币只在顶部有一个耳而没有其他装饰物。因此这个奖章是完全不同的形式，这使我们几乎能够确定这种奖章并非起源于印度。

它从大英博物馆的罗马馆转移到了钱币馆的事实也证明了这枚奖章不是起源于印度。⑨ 因为如果追溯奖章的起源，了解到其源于印度的话，那么它应该作为印度珠宝置于东方艺术馆，或者作为货币应该直接置于钱币馆。因此这枚货币极有可能来自欧洲国家。

但是我们无须对此进行假设。从伦敦回来的时候，我在明斯特大学（德国）听了一场讲座。在当地博物馆主任彼得·贝格豪斯的办公室，我看到了一枚金奖章的放大照片。和大英博物馆奖章一样，中间是一个刻着罗马皇帝肖像的圆盘，周围是几圈折线图案构成的圆形宽框架，顶部有一只耳（图30）。这个奖章和大英博物馆奖章是相同的模式，仅在

---

⑥ 《印度货币学协会期刊》第36卷，第30－31页；第37卷，第76页及其后。

⑦ 罗马黏土垂饰的发现由笔者发布于《印度货币学协会期刊》第36卷，第39页；《印度货币学协会期刊》第36卷，第52页。

⑧ 《印度货币学协会期刊》第7卷，第1－4页；《古印度》第5期，第97页。

⑨ 戈比发表于《印度货币学协会期刊》第38卷，第22页。

一些技术处理的细节上有所不同。大英博物馆奖章其周围框架是单独焊接在中心圆盘上的，而这个博物馆的奖章其中心圆盘和框架是作为一个整体压铸的。相同的基本模式很清楚地表明这两个奖章是被同样的喜欢罗马货币的图案的人铸造的，并在铸币时，这些人首选周围有宽框架围绕的图案。

在询问过程中，我得知在贝格豪斯办公室看到的那张照片上的奖章，1936 年发现于瑞典布莱金厄省的拉姆戴尔地区托恩村的塞诺恩教区，存放在位于瑞典斯德哥尔摩的国家历史博物馆，发表于 1952 年。[10] 根据大英博物馆奖章照片的解说者约翰·肯特的观点[11]，照片中奖章的半身像借用了君士坦丁二世（公元 336—360 年）的金苏勒德斯上的半身座椅像和价值 9 苏勒德斯的大奖章上的图像。然而，雕刻师刻画的肖像是反过来的，人脸向左而非向右。[12] 在贝格豪斯看来，照片里的奖章可能是公元 5 世纪在斯堪的纳维亚制造的。[13] 大英博物馆的奖章图案也制造于这一时期。

戈比本人也在其文章中承认，大英博物馆奖章框架与很多西方奖章框架相类似，而这个时期始于罗马皇帝霍诺里乌斯（公元 393—423 年）。他还承认，多边形的耳以及其艺术形式代表了公元 5 世纪的典型。[14] 根据戈比的观点，框架出现的时间不早于公元 5 世纪，但是戈比并未注意到框架时间这一证据，所以框架的存在实际上反驳了他自己关于中心圆盘的猜想。如果我们没有像戈比那样忽略了框架和耳，那么不管是谁，只要没有对中心圆盘有任何猜想，将毫不犹豫地得出中心圆盘和带有耳的框架是同一个时期的艺术作品或者出自同一个珠宝艺术家的

---

⑩ *Mackepranqe—De Nordiske Guldbraktenter*，第 159 页。贝格豪斯也就此发表了一篇报告“*Bodenaltertumer Westfalens*”，第 12 卷，第 72 页。

⑪ 洛伊克亲切地接受了我的请教并在 1975 年 3 月 17 日的信件中将他的观点传达给了我。

⑫ 另一位学者认为，肖像可能是瓦伦丁二世（公元 375—395 年）的。

⑬ 给笔者的私人信件，日期为 1974 年 10 月 29 日。

⑭ 《印度货币学协会期刊》第 38 卷，第 23 页。

结论。

虽然背面站立的阿道克狩形象取自弗维色伽时期的货币，但是并不能说明这枚货币不是起源于斯堪的纳维亚或者西欧。众所周知，贵霜货币曾在西欧和北欧被发现。[15] 正如同印度人痴迷于罗马货币一样，某一枚贵霜货币可能引起了欧洲某地某人的兴趣，然后这个人在他的奖章复制品背面制作中采用了该图案。[16] 就算这个图案对我们的研究有任何价值，那也只是作为贵霜货币在欧洲广泛传播使用的证据，甚至有可能直接或者间接地证明贵霜王朝与印度的贸易关系。

---

⑮ 加弗罗夫：《贵霜文明和世界文化》，第 11 页，1968 年。

⑯ 亚历山大·C. 索珀对奖章进行了详细的讨论，他认为它可能是一个现代仿制品。另外，他还表明，可能是第三国籍的赞助人——一位亚美尼亚富商定制了这枚货币片作为一种护身符或感恩祭品，用于表达他对两位大人物——东罗马皇帝和东伊朗幸运女神的感激之情。虽然一名熟练的本土铸工用君士坦丁货币作为仿制模板，但可能他在制作时只有对女神的描述做参照，而对于该铸工来说，拉丁文和希腊文完全是外来文字。他进一步补充道，他不相信这枚奖章可以追溯到真正和迦腻色伽相关的日期（《亚洲艺术》第 34 卷，第 113 页）。

第八章
后瓦苏提婆统治者和联盟部落时间表*

贵霜王朝幅员辽阔，它东起亚穆纳河—恒河平原西至阿富汗和中亚。而这个庞大的王朝在瓦苏提婆时期或其死后的一段时间就逐渐破碎了。萨珊在波斯建立了一个强大的王朝，它的入侵导致了贵霜王朝的衰败。萨珊王朝占领了贵霜王朝领土的印度河西部地区；尚没有任何资料表明他们是否深入到印度河东部。

在已知的这段时期，印度土地上没有任何势力有推翻贵霜王朝的实力。一些历史学家①提出，游得希亚人和娜迦人可能将贵霜王朝从马图拉地区驱逐出去了。但这只是猜测，并未有任何证据来证明。即便确实如此，也毫无证据表明娜迦人曾扩展他们的王国范围超出帕德玛瓦蒂（或马图拉）。游得希亚政权是被他们在拉贾斯坦殖民地的西萨特拉普王朝推翻的；从游得希亚货币中可以知道他们在这段时间躲在哈里亚纳的一个角落。② 因此，即使游得希亚政权已成功在马图拉地区变得比贵

---

* 本文最初发表在1981年《贾亚斯瓦尔纪念卷》，巴特那，第291－299页。

① 《伐卡陀迦—笈多时代》，第28页，37－38页。

② 《北方邦历史学会期刊》第22卷，第172页，1950年。

霜王朝更加强大，他们也不可能把贵霜王朝从印度土地上赶出去。

阿拉哈巴德石柱铭文上的“Daivaputra-ṣāhi-ṣāhānu ṣāhi”和“Ṣaka-muruṇḍa”提到存在于笈多王朝的边境，[③] 而这恰恰印证了贵霜王朝在印度存在的历史至少可以追溯到沙摩陀罗笈多时期。

贵霜王朝后瓦苏提婆的历史或者更确切地说是印度北部的历史，直到笈多家族在亚穆纳河—恒河平原崛起之前都默默无闻。我们得出了一个从这一时间开始的印度中北部（摩陀耶提舍）明确的政治历史。但是对于印度西北部的历史（该地区目前由巴基斯坦和印度的两个州——旁遮普和哈里亚纳邦构成），我们依旧毫无头绪。

我们缺乏当代铭文或其他可靠的考古证据足以阐明这一时期发生的事件。我们只有从货币中了解这一时期后贵霜王朝（后瓦苏提婆时期的贵霜王朝）和盟军部落的联系。货币上刻有货币发行者的名字，这仅仅帮助勾勒了这段时期历史的大概轮廓。但这个材料同样尚未恰当地解决这段历史问题。

后瓦苏提婆钱币制造系列也起源于瓦苏提婆时期。瓦苏提婆发行的金币和其前任迦腻色伽和弗维色伽发行的类似。金币是相同类型：正面是站立的国王向火祭坛对面伸出右手，而反面则是湿婆站在公牛前面并刻着铭文“Oeṣo”。这些货币基本上是整齐划一的雕刻并且有着精细准确的铭文，正面非常清楚且不包括符号的。从这种货币类型来看，两个地区出现了两种截然不同的钱币系列。一个系列是由早期的萨珊王朝征服者和他们的地区管理者发行的，这个系列只局限于印度河西部地区的人们所使用，但是在这里我们并不关心这个系列。

而另一个系列则明显分布在印度河东部地区，且这个系列的发行者是瓦苏提婆的继任者和追随他们的贵霜王朝首领。根据货币的材质和内容可以将它们划分成五种明确定义的品种。他们很有可能按照时间的先后而被排序：

---

③ 《印度铭文全集》第3卷，第1页及其后；第23行。

（1）和瓦苏提婆货币的类型和铭文非常类似，但是在风格上有所不同。在正面右边刻有一个婆罗米语字母“ha”，这很可能意味着发行者是瓦苏提婆的继任者，而且这个人在瓦苏提婆死后立即接替了他。因为环形铭文除瓦苏提婆以外没有透露其他的名字，假设这个继任者名字也是瓦苏提婆也是合乎情理的。这个继任者很可能会被指定为瓦苏提婆二世。值得注意的是，这些货币上的婆罗米语字母“ha”不仅仅专门刻写于正面，有时候也在反面看到这些字母。然后，还有其他种类的货币使用除“ha”以外的字母，有时这些字母在三个地方被看到过。这些字母出现在货币的右边、左边和中间的部分。很难说和单个字母相比它们的含义是不是有所不同，但是可以说这个用法是之后才发展的，也就是之后的变种继承了这种用法。

（2）和品种（1）一样，婆罗米语字母总是出现在货币正面的三个区域——左边、中心和右边区域。这个种类的货币和品种（1）的差异在于正面刻的圆形铭文用“Ṣāo Nāno Ṣāo Kaneṣko Koṣāno”代替了“Ṣāo Nāno Ṣāo Bazodeo Koṣāno”。这个新的铭文表明这种货币是由一个叫迦腻色伽的国王发行的。这个迦腻色伽被定名为迦腻色伽三世。

（3）其正面到目前为止和品种（2）一样，因此可能是迦腻色伽三世时期的铸币；但其反面则完全不同。货币反面刻画了一个新的形象，即坐在高背椅宝座上阿道克狩女神。随后的货币种类以该品种为原型，后来笈多货币也采用了这个形象。除了这个重大变化，这个品种还有另一个特点。在早期的品种（1）和品种（2）货币上单个婆罗米语字母被醒目地刻在正面的三个地方，但是在这种货币上右侧的婆罗米语字母被诸如“Vasu”“Vīru”“Mahī”这样的一个音节或者一个至少两个字母的词语代替，而这些似乎是个人名字的一部分。这些音节或字母可能是继任者或者下属统治者的名字，但目前这只是一个猜测。

（4）和阿道克狩女神类型的货币一样，但是瓦苏提婆时期和迦腻色伽三世时期的环形希腊—巴克特里亚铭文被贵霜—巴克特里亚的草书文本所代替，类似的代替的例子还可以在贵霜—萨珊货币上看到。显然这些草书文本看起来像“0000”的重复，正因如此坎宁安认为这是难以辨认的④。在这里第一次提出了贵霜—萨珊文本的本质。现在需要研究这个文本的古字体学家来表达支持或反驳这个建议的立场。然而，铭文本身的形式表明这个货币种类是由另一些完全不同的统治者发行的。在这些货币上，外缘刻画的矛，即右边区域，发现了由两个、三个或四个婆罗米语字母组成的一个单词。这些词被解读为“萨卡”“沙利达”“伽达哈拉”或者是“伽达卡拉”，它们被认为是部落的名字。在中心区域，即国王的手臂下，也刻有单词或音节。例如，在右侧刻着铭文“Ṣaka”的货币上的国王手臂下方，有一个词语如“Sita”或者是“Saya”。同样，在刻着词语“Ṣālada”的货币上，有一个如“Bhadra”的词语和那些刻着“Gaḍahara”的货币上也有“Samudra”“Kīrada”等词语。这些都是专有名词，但他们的意思是指谁则难以解读。

（5）和带有环形币文的阿道克狩女神类型的铭文相类似，与品种（4）中的最像，但其大部分侧面被磨损。在上述类型的货币正面的左边和右边区域所看到的婆罗米语是被磨损掉了的；只有国王手臂下面的被保留并被解读为“Kida”或者是“Kidāra”。据悉，这个词语代表寄多罗人。在这些货币的背面，我们第一次发现用婆罗米语币文代表个人专有名词来代替希腊女神的名字。在货币反面发现的名字被解读为“ŚrīṢāhi，Kidāra，Kṛtavīrya，Sarvayaśasa，Bhāsvan，Śīlāditya，Prakāṣa，Kuśala，Saloṇavīra”等。我们可以断言，这些名字代表统治者的名字。如果这些名字是寄多罗统治者借用印度人的，或这些名字是后来印度统治者的名字（这些印度统治者可能已经取代了寄多罗人并且寄多罗货币被盲目模仿），那么这些将是我们进一步研究的问题。这种类型货币雕刻的顶峰是克什米尔的卡尔科塔王朝的货币。

以上货币陈列出了一个合理且可靠的铸币年代表，这个年代表大约从公元3世纪的瓦苏提婆货币开始，发展到公元8世纪，并且以一个最退化的形式进一步持续到公元13世纪或公元14世纪。尽管我们根据这

---

④ 《晚期印度斯基泰人》，1962年，第28页。

些货币材料和内容上的发展及退化提出了年代表，但是货币本身并未提供任何可以帮助我们辨别不同时段或者有关其发行者的线索。在这一点上，只有一些外部证据对此有所帮助。

在调查中，我追踪了发现于东部旁遮普省（现在划分为巴基斯坦和印度的旁遮普邦和哈里亚纳邦）的三个金币贮藏，这有助于确定这些货币和其发行者的相关时间。这些贮藏发现已经公开很久了，但是并没有太多人注意到它们，出于历史文物保护目的，这些贮藏始终保持原封不动的状态，它们包含上述讨论的一个或多个品种的货币，还有一些是笈多货币。在这些贮藏中，笈多货币的存在为贮藏的出现时间提供了一个确切的起源，揭示了贵霜王朝统治者和笈多君主之间的时间关系。这些货币帮助我们再次确认上述货币类型的年代表并且确定它们在年代表上的起源先后。

其中一个贮藏于1915年在希萨尔（现在在哈里亚纳邦）地区的马塔萨尔村被发现。该贮藏是一个包含86枚金币的瓦器，在农民耕作时被发现。在政府可以根据宝藏法律相关铭文保留宝藏发现物之前，这86枚金币中的26枚已被人为融化，只有60枚货币被存放在官方场所。这60枚中的33枚货币和沙摩陀罗笈多有关（根据当时的识别，实际上有29枚和沙摩陀罗笈多有关，其余4枚和卡查笈多有关），其余27枚货币被确定是贵霜王朝后期发行的。[⑤] 在很长一段时间里，这个贮藏还存在唯一一条额外信息，是该贮藏还包含一个沙摩陀罗笈多货币的稀有品种——货币上有一个战斧并显示它面向右侧[⑥]。我纵览了拉合尔中央博物馆的年度报告，1915—1916年的报告中得知，怀特海德仔细检查了这个贮藏，对此还写了一篇简短的笔记。报告中提到的贮藏中的重要货币有：（1）一枚保存完好的沙摩陀罗笈多战斧类型货币，在之前关于这个类型的货币人们仅仅发现了一枚（在上述提到的笔记的内容中有引用这枚货币）；（2）一枚马祭类型的沙摩陀罗笈多货币；（3）四枚卡查时期的货币。怀特海德未对其他的沙摩陀罗笈多货币进

⑤ 《印度考古调查年度报告》，1915—1916年，第19页。

⑥ 《印度考古调查年度报告》，1926—1927年，第233－234页；也是由阿尔特卡尔在《笈多帝国的货币制度》一书中的第309页提到。

行说明，而且他也未提及那些被认为是贵霜王朝晚期的货币。

1916—1917 年的博物馆报告透露，博物馆收藏了该贮藏中的 20 枚货币。政府所有余下的 40 枚货币可能被分配给了印度和英国其他博物馆，但事实上没有一个博物馆存放有这个贮藏的货币，也有可能这些货币已经归还给发现者或者公开拍卖了。

在拉合尔博物馆存放的 20 枚货币当中，有 11 枚属于笈多王朝，其他的 9 枚则属于贵霜王朝晚期。其中沙摩陀罗笈多的 7 枚货币和所有被归于贵霜王朝晚期的 9 枚货币在报告中用了两个模块解释说明，但是缺少具体的描述和细节。然而，这些板块有助于我们了解存放于拉合尔博物馆的货币有哪些。它表明博物馆获得的沙摩陀罗笈多货币类型有：

（1）战斧型，皇帝面向右边　　1

（2）马祭类型　　1

（3）左臂下带有沙姆陀罗名字的标准类型　　3

（4）左臂下带有沙摩陀罗笈多的标准类型　　2

基于以上这些信息，倘若我们假设报告中并未说明的存放于拉合尔博物馆的其余 4 枚笈多货币属于卡查时期，那么这个假设也是成立的。怀特海德曾在他的报告中说到君主名字时曾提及卡查这个名字。此外，关于那些未存放于拉合尔博物馆的货币是属于沙摩陀罗笈多货币中常见的标准类型货币的想法，也可能是真的。综上所述，贮藏中的笈多货币仅仅属于两个笈多统治者——卡查和沙摩陀罗笈多。

博物馆报告中贵霜王朝后期的 9 枚货币表明这个贮藏中的货币属于瓦苏提婆和后瓦苏提婆统治者，如下：

（1）瓦苏提婆。*Oeṣo*（货币背面是湿婆和公牛），在这个区域没有字母。　　2

（2）迦腻色伽二世。货币背面刻有 *Oeṣo*。字母“au”“ta”和“ga”在这个区域。　　2

（3）迦腻色伽三世。货币背面刻有阿道克狩。字母“*Chu*”在货币正面的右边区域。　　1

(4) 迦腻色伽三世。货币背面是阿道克狩。货币正面区域刻有字“Vasu”(在右边),“ga”在中间,“bha”(在左边)。 2

(5) 萨卡。货币背面是阿道克狩。“Ṣaka”在货币正面的右边区域,“Mi”在中央区域。 1

从上述货币类型来看,博物馆尚未获得的这个系列的其他货币,可能是以上类型货币的复制品,而且我们还能够推断出,如果那些没有到政府手中的20枚货币中有包括本系列的任何货币,那么这20枚货币的类型也是相同或相似的。现在我们可以总结出,这个贮藏包括了瓦苏提婆时期货币和类型(2),类型(3)及类型(4)的后瓦苏提婆时期的货币即迦腻色伽和萨卡的货币。

众所周知,笈多王朝是在贵霜王朝之后建立的。有关这个贮藏所代表的两个笈多统治者,根据对笈多货币贮藏的分析我已经提出了卡查是在沙摩陀罗笈多之前,这个贮藏也确定了这一点。为了弄清卡查和沙摩陀罗笈多之间的关系,我指出卡查的货币主要是在一些含有旃陀罗笈多一世货币[7]的贮藏中被发现的。而那些没有旃陀罗笈多一世货币的贮藏则没有卡查的货币。卡塞尔瓦贮藏就只有卡查和沙摩陀罗笈多的货币。综合这两个事实足以说明,卡查的即位时间介于旃陀罗笈多一世和沙摩陀罗笈多之间。这个贮藏的笈多货币和卡塞尔瓦贮藏的货币非常类似,而贮藏中的贵霜钱币或许可以认为是替代了旃陀罗笈多一世的钱币。

因此沙摩陀罗笈多货币是这个贮藏中出现时间最近的货币。其中一枚是马祭类型的货币,而其他的只是标准类型的和战斧类型货币。货币的类型表明这个贮藏是在迪格维贾亚和马祭后不久,也即在沙摩陀罗笈多的有生之年被埋藏的。所以认为贮藏被埋在公元350—370年的一段时间内是顺理成章的。

在哈里亚纳邦发现的贮藏,其位置在马图拉的毗邻地区,希萨尔区和马图拉距离仅为150千米。人们推测这个贮藏被发现的地方是在笈多

⑦ 瓦拉纳西:《帝国笈多王朝》,第96页,1974年。

王朝或者贵霜王朝领土的边境，但大部分人更倾向于后者。前面提及的后瓦苏提婆货币类型年表则表明了萨卡人的货币是贮藏中时间最近的货币，而这几乎相当于认为这些货币是沙摩陀罗笈多同时期的货币，换言之，萨卡统治者（或统治者们）和沙摩陀罗笈多处于同一时期。

这些推测令人回想起布兰迪巴格支柱铭文上的两个短语："Daiva-putra-Ṣāhi-ṣāhānuṣāhi" 和"萨卡－穆伦达"。这些短语最有可能是为生活在笈多王朝边境的人们所使用。由此，我大胆提出以下观点："萨卡－穆伦达"这个词只用于萨卡货币。这样一来，我猜测用贵霜—巴克特里亚草书文本书写环形铭文，其中像循环"0000"的铭文可能正好是类似于币文"*Ṣāo Nānoṣāo Kaniṣko Kuṣāṇo*"的短语"*Ṣāhi-ṣāhānuṣāhī*"，即"萨卡－穆伦达"。"*Ṣahī-ṣāhānuṣāhi*"只不过是变形后的"*Ṣāo Nānoṣāo*"，而代表个人名字的"*Kaniṣko Kuśāṇo*"被改为货币发行者的名字，如萨卡－穆伦达；布兰迪巴格中的短语"*praśasti*"则采用了货币—铭文的方式。

贮藏的货币进一步表明，萨卡人是在迦腻色伽三世不久之后或在这个期间代替了贵霜瓦苏提婆的血统。另外贮藏货币还揭示了迦腻色伽三世（瓦苏）和沙摩陀罗笈多的即位相距时间较短。正如一些学者所想，如果我们承认贮藏中囊括的货币类型划分的观点，这些货币不仅仅属于迦腻色伽三世，那么在瓦苏提婆和萨卡（或者沙摩陀罗笈多）之间的时期内不会有三个至四个统治者存在，并且他们的统治时期无论如何也不会超过一个世纪。如果确实如此，那么足以说明迦腻色伽时代并非始于公元 78 年。迦腻色伽时代的开始，只可能始于公元 2 世纪中期的某个时间。

而对我们的研究目的还有所助益的是，由马歇尔在呾叉始罗的一个墓穴中发现的第二个贮藏，而这个墓穴被认为是在 G 扇区的法王寺的 Gc。该贮藏发现 19 枚货币：其中 2 枚属于旃陀罗笈多二世（弓箭手类型——背面莲花），2 枚和沙利达相关的货币还刻有名字"巴德拉"，其余 15 枚货币则刻有名字"寄多罗"⑧。在遥远的西方帝国边界之外，几

---

⑧　马歇尔：《呾叉始罗》，第 283 页和第 822 页。

乎从未发现过笈多货币。由于呾叉始罗是在一条贸易路线上，所以有人可能会认为，这种货币可能通过贸易方式进入该地区；也或许是某个笈多人在他游历期间把这些货币赠与一些寺院的和尚，抑或在军事远征期间这些货币伴随着军队而出现在这些地区。这让我们想到梅劳里支柱铭文，其中提到了旃陀罗（旃陀罗笈多二世）的军队已经穿过（河）信度（印度）的七个河口顺利到达了瓦利卡斯（巴克特里亚）⑨。

贮藏文物也表明，此时处于迦腻色伽三世这一继任序列的后瓦苏提婆的统治者们已经垮台，之后沙利达⑩（或沙利达们）占领了这些疆域。沙利达可能是同时期的萨卡人或者是他（或他们）的继任者。从先前的情况可以推论出，贵霜王朝领土被划分为两个或者三个小势力，即萨卡、沙利达和伽达哈拉（伽达卡拉）；萨卡控制了东方，沙利达控制了西方，而由于这两个贮藏中都没有伽达哈拉（伽达卡拉）的货币，所以我们尚不清楚伽达哈拉（伽达卡拉）具体的控制范围，可能位于萨卡和沙利达之间的领土⑪。当然也可能是另一种情况。沙利达也许继

---

⑨ 《印度铭文全集》第3卷，第139页；《精选铭文》，第2275页，第2行。最近一个由达尼组织的考古勘探考察发现，在喀喇昆仑山脉古路的巨石上有一些小铭文，刻有旃陀罗笈多和诃梨西那的名字。这些表明了旃陀罗笈多的军队曾经路过了这条路。

⑩ 这是对该名字的其中一个解读，是马歇尔在史密斯使用后也在他自己的《呾叉始罗》中采用。后来班纳吉将其修订为“*Ṣīlada*”。早些时候托马斯将其读为“ṣaṇḍi”。坎宁安将它读成了各种不同的词语：“*Pakindha*、*Paskindha Pahalandhi*”。近年来，它被乔·克里布解读为“*Nipunadha*”，被米奇纳解读成“*Kipanada*”，被米特沃勒解读成“*Kṣiṇaṭha*”和“*Skiṇaṭha*”。现在我更同意托马斯的解读。

⑪ 顺便说一下，和伽达卡拉（伽达哈拉）相关，并刻着沙姆陀罗名字的货币，学者认为这个名字可能是指笈多皇帝沙摩陀罗笈多，他们还认为这个名字代表了沙摩陀罗笈多对伽达哈拉（伽达卡拉）和盟军部落的主权。但是这个建议从某些方面来看难以让人接受。如果货币上的“*Samudra*”是指笈多皇帝，那么在发现的伽达哈拉货币上的同一个地方刻着“*Kīrada*”和其他名字，也应该是指伽达哈拉人统治者的名字。但是我们并不知道叫这些名字的政权国家。按照学者提议的推论，在萨卡和沙利达货币上看到的西塔、巴德拉和其他的名字也可能是主权统治者的名字；但考虑实际来说，我们认为这些名字是那些下属或者州长的名字，他们在君主权力之下而不是指君主。除了这些不一致，呾叉始罗贮藏还清楚地表明了这些观点的无效性。该贮藏表明，伽达哈拉不可能和沙摩陀罗笈多是同一时代；如果他们与某个笈多皇帝同时代的话，那么只可能是旃陀罗笈多二世。

承了萨卡在整个印度的贵霜王朝领土。在这种情况下，沙利达和旃陀罗笈多二世是处于同一时期的。这一期间旃陀罗笈多二世又对七河和超出印度河以外的区域进行了军事远征，而这次军事远征极大地削弱了该王朝的力量，这无疑给了寄多罗人趁机侵略他们领土的机会。这可以从贮藏中发现的15枚刻着“Kidāra”名字的货币上得知。根据贮藏货币的内容，我们可能将寄多罗人入侵印度的时间确定在旃陀罗笈多二世统治的末期或者鸠摩罗笈多一世统治的初期（公元410—420年），但那个时候的寄多罗人仅仅活动在印度河周边地区。

基于另一个在1932—1933年，于谢胡布尔（巴基斯坦旁遮普）的嫩加纳萨希布区的马哈拉拉村发现的贮藏，我们可以在某种程度上推断出寄多罗人在印度的活动范围。这个贮藏只有5枚货币，其中有2枚寄多罗货币（货币背面是阿道克狩，正面的国王手下方刻有“Kidā”）；另外3枚货币和笈多王朝有关。其中2枚属于塞建陀笈多（弓箭手类型），第3枚属于旃陀罗笈多二世（弓箭手类型——背面莲花）[12]。贮藏中塞建陀笈多货币的存在表明这个贮藏是在他统治期间被埋藏于地下的。

贮藏中笈多货币的发现地超出了笈多王朝的领土范围，并且位置相距遥远，这表明了笈多王朝曾对该地区进行过一次军事远征。同时也表明，当塞建陀笈多成为国王之后，为了击退寄多罗人对其王国的入侵，塞建陀笈多曾带领军队向寄多罗人进行军事讨伐。

根据塞建陀笈多时期的朱纳格尔铭文记载，塞建陀笈多在蔑戾车从根本上摧毁了敌人的锐气[13]。而他的比塔里铭文[14]则提及他的两次征战。铭文第8节描述了他征服匈奴人的历史。第4节则提到了塞建陀笈多征服了一些敌人（育德亚米德兰），但这些敌人的名字并未被明确说明，也没有关于这些名字的任何线索。从碑文可知，这些敌人充分调用了财力和人力来应对笈多王朝，故而一时间曾凭借压倒性的财富成功地压制

---

[12] 1932—1933年的拉合尔博物馆报告。

[13] 《印度铭文全集》第3卷，第57页，第3行。

[14] 《印度铭文全集》第3卷，第52页及其后，第4节和第8节。

了笈多王朝。塞建陀笈多一时困顿到不得不在战场光秃秃的土地上睡了一整晚，然而塞建陀笈多最终还是给予了敌人毁灭性的打击。

虽然比塔里铭文中提到了匈奴人，但我们几乎可以明确断定这并不是指寄多罗人。朱纳格尔铭文记录的是在他继任一年或两年内的事件，所以人们可能认为这是在他父亲统治期间，他还是个王子的时候或者他的统治初期与蔑戾车人交战。由于我们认为在印度领土范围内，并不存在能够和寄多罗人抗衡的其他外国势力，并且呾叉始罗贮藏的发现也足以证明这一点，因此铭文中此处应该是指寄多罗人。在旃陀罗笈多二世时期，寄多罗人生活在犍陀罗国，他们很可能在鸠摩罗笈多一世或者在塞建陀笈多统治最初期就已经向笈多王朝进行扩张了。如果寄多罗人向笈多王朝的扩张是发生在鸠摩罗笈多一世统治期间，那么目前的贮藏并不能说明这个事件是否发生。如果寄多罗人的扩张发生在塞建陀笈多统治的前两年，刚好在朱纳格尔铭文开始记录之前，那么塞建陀笈多货币中伴随有寄多罗人货币的出现也是有可能的。

在比塔里铭文第 4 节中提到过惨败于敌人手中的事件，而人们认为在这个事件中，此处的敌人就是朱纳格尔铭文中的蔑戾车。人们普遍认为，敌人带来的危机发生于鸠摩罗笈多一世统治末期，但学者们尚未意识到，若这种情况发生于朱纳格尔铭文记录之前，那么笈多经学家不会仅仅满足于铭文中所言，和比塔里铭文经学家相比，笈多经学家叙述塞建陀笈多的侠义事迹会更为生动，因为这些事在他们的脑海里很清晰。在朱纳格尔铭文中缺少这些生动叙述，意味着这一事件只能发生在塞建陀笈多统治后期。在第 6 节的铭文中提到，在鸠摩罗笈多一世死后征战才成功。这相当于表明，鸠摩罗笈多时期对抗的敌人，在鸠摩罗笈多死后，塞建陀笈多才将敌人军队粉碎。而这些敌人（育德亚米德兰）自然是和朱纳格尔铭文中记载的、早期被击败且称为蔑戾车的敌人是一样的。他们曾败在塞建陀笈多手中，所以他们为了复仇洗刷失败的耻辱，调动全部的人力和财力来对抗笈多帝国。因此，对于塞建陀笈多来说，很自然地称他们为“育德亚米德兰”（敌人）。

由此可知，马哈拉拉贮藏与这件事是有一定联系的；在被塞建陀笈多击败后，寄多罗人向旁遮普撤回；而塞建陀笈多的军队则为了尽可能将寄多罗人赶得远远的，而走了很长的路。总体而言，正如我们目前为止所认识的那样，马哈拉拉贮藏表明了笈多统治者对旁遮普地区并非无动于衷。

第九章 迦腻色伽的四分之一金标币[*]

第一节

本书中照片的副本（图 18）是我一个朋友送给我的，而我这个朋友又是从他一个瓦拉纳西的朋友处得到这张照片的。这些照片是一位北方邦东部的一个商人带给这个瓦拉纳西朋友的，这个商人说他想卖掉这些属于另一个人的照片上的货币。他说只要买家在看了照片后认同卖家提出的价格，那么他将会把货币实物拿给买家。由于买家坚持在承诺购买之前要看一下这枚货币，因此这个商人承诺将带来货币实物，但是该商人从此再未露面。他还是告知买家货币已经出售了。最终，关于货币实物的下落无人知晓。

因为照片里的货币样式有趣而又罕见，所以我在本书中公布了这些货币的照片。

目前未知货币的重量和大小，但是在这里给出的最小的照片（图 18a ~ 18b）代表了货币的实际大小。根据货币的大小可以推测它似

* 本文最初发表于 1981 年的《印度货币学协会期刊》第 5 卷，第 23 – 24 页。作者是萨罗吉尼·库尔什雷什塔。

乎是四分之一金标币，并且重约2克。货币描述可能如下：

正面：国王的头像侧面从岩石或云中向左显现出来；国王戴着低帽，帽子下端向前方和后方突出，有一圆形斑点在其帽子上。在国王头后面的应该是飘扬的头巾。此外，国王有着长长的浓密胡子且末端向四周扩展，头发的轮廓也很清晰。币文刻写在国王头像周围，最有可能是从Ⅰ开始，但是字迹非常破碎模糊，我们只能看到有两个“Ks”，一个接近于Ⅴ而另一个接近于Ⅷ。

背面：穿着腰布和亚久帕维塔（*yajnopavita*，神圣的丝线）、有四个手臂的湿婆，其正面向左站立，尚不清楚他上方和下方的右手拿着什么物品。而其上举的左手拿着一柄长三叉戟，下方的左手则放在臀部的地方，并握着通过一个“*mṛga*”（一只羚羊或牡鹿）的角。符号在左下方，右边区域是币文OEṢO（从里面读起）（图18，原始图和放大图）。

这枚货币的结构、制作和图案都足以说明该货币属于贵霜王朝统治者，但是由于正面铭文被磨损且模糊不清，所以将它归类到任何统治者都是有问题的。币文上的两个“Ks”表明，一个字母可能代表迦腻色伽，而另一个字母则代表贵霜王朝。刻写的铭文可能是“*Ṣāo Nāno Ṣāo Kaneṣki*（*o*）*Koṣāṇo*”。

目前已知只有阎膏珍和弗维色伽这两位统治者才会发行贵霜货币的半身像类型。虽然我们尚不清楚迦腻色伽半身像类型的货币，但是有一枚半身像类型的被存放在大英博物馆，说来十分凑巧，那枚货币与这枚四分之一金标币十分相似。所以，如果我们提出的货币正面币文的猜想是正确的，那么则很容易地可以将这枚货币归于迦腻色伽。

然而，难点就在于这枚四分之一金标币上的头像和迦腻色伽货币上的头像并不相似。所有迦腻色伽货币上，国王的胡子下端都是圆形环绕的，并且也不是很长。但是这枚金币上的国王胡子不仅很长，而且呈直线延伸到底部。因此我们无法确定头像是否代表迦腻色伽。

就算我们假设这枚货币属于迦腻色伽，但它上面的图案从哪一方面看都与大英博物馆里的迦腻色伽四分之一金标币不一样：不仅肖像刻画明显不同，而且货币背面的神也不同。大英博物馆的货币背面是阿施狩，而这里是 Oeṣo（湿婆）。两枚货币唯一相同的是货币背面出现的符号。

如果这枚货币是迦腻色伽的，那么它将是迄今为止发现的唯一一个这种类型的货币。遗憾的是，我们目前对这种类型的货币一无所知。

第二节*

在上面的报告①中描述了迦腻色伽的四分之一金标币，该报告由维尔玛②在我报告的基础上加入了一些评论而再次发表。

在维尔玛的报告中，他歪曲了我的观点，说我怀疑货币出现的真实性，而在我的报告中，并没有一个词能给人留下这样质疑的印象。我只指出了一些我认为在这枚货币上描绘的肖像，与那些通常人们熟知的迦腻色伽（一世）金币的肖像之间的差异。从我的话中最可能推导出来的即为，我不认为这是一枚迦腻色伽（一世）的货币，但我从未说这枚金币是伪造的或是假的。在印度货币学研究方面，学者们有时候对于货币的归因和识别有广泛的不同意见，但从未有一个学者指责另一个与他的意见相左的学者怀疑货币的本质。

我并不想要和维尔玛争辩关于理解货币上的肖像这种简单的问题，我也会欣然接受他的一些较我更好的观点。但是当我对这枚金币进行观察时，一些其他的细节促进了我的研究，那便是货币上的币文。币文的缺失非常严重，所以，我只能推测它可能开始于 1 点钟方向，但并不能得出进一步的结论。不过，由于维尔玛认为币文从 12 点钟方向开始，

* 本文最初发表于 1985 年《印度货币学协会期刊》第 9 卷，第 46 – 51 页，作者是萨罗吉尼·库尔什雷什塔。

① 《货币文摘》第 5 卷，第 2 部分，第 23 – 24 页。

② “迦腻色伽的四分之一金标币”，《印度货币学协会期刊》第 45 卷，第 36 – 39 页，1983 年。

而这非常接近我的推论，因此现在我的思路完全被轻松地打开了。而维尔玛在他报告的附录中，没有对他所确定的货币上的图像周围币文的每个字母的位置有丝毫质疑。

维尔玛作为一名研究货币学的大学老师和一位权威的货币学协会杂志的编辑，会比我更深刻地认识贵霜王朝的统治者们。迦腻色伽、弗维色伽和瓦苏提婆货币正面的币文，无一例外皆始于大约 7 点钟方向，而那些在后瓦苏提婆时期发行的贵霜货币币文无一例外都仅从 12 点钟或者 1 点钟方向开始。基于这些事实，学者们认为，任何正面币文开始于 12 点钟或者是 1 点钟方向的贵霜货币都不属于早于瓦苏提婆的任何时期。还有一个问题是，四分之一金标币的币文开始于 12 点钟或者 1 点钟方向，因此，无论如何，这枚金币都不属于迦腻色伽一世时期。若果真如此，那么追究这枚金币上的肖像和迦腻色伽一世的金币肖像有无异同则是无关紧要的。如果我没有察觉到那些货币和迦腻色伽一世货币的肖像之间的相似之处，而这些是维尔玛并没有注意到的，那么是我错了吗？

维尔玛还试图说服读者，意图使读者认为我关于贵霜货币的研究取得了一些肯定的观点。我没有立场来对此作出任何形式的论断。我并非像他那样的货币学研究学者，并且我获得的贵霜货币学的史料十分有限。但是我可以重复我所读过的，我叙述的通常是货币学家已知的半身像类型贵霜货币，“众所周知，只有阎膏珍和弗维色伽这两个统治者才发行这种类型的货币”。对于这句陈述内容，我添加了一句“迦腻色伽半身像类型货币不为学者们所熟知”。我的陈述很清晰，没有任何歧义或者有让人误解的机会。但是维尔玛试图断章取义地引用我的报告，然后说我的观点是错误的。

之后维尔玛就大英博物馆展览厅的内容提出了一个观点。在这里，我也承认，我没有像维尔玛那样去过很多次大英博物馆的展览厅。所以，我宁愿用他的话来阐述我的观点。维尔玛告诉我们“四分之一金标币是阎膏珍、迦腻色伽、弗维色伽和瓦苏提婆发行的。这个面值金币的五大类型在大英博物馆内都有：两枚阿施狩类型、一枚娜娜类型、一枚

Ordoxo 类型和两枚湿婆类型。”他还补充说，两枚湿婆类型的货币中，只有一枚刻画了半身像。[③] 然而他并未提及，也未具体解释发行的这些货币类型代表的统治者究竟是谁。那么我们如何得知，他是在谈论迦腻色伽的四分之一金标币的呢？按照维尔玛关于半身像类型的四分之一金标币所提出的观点，由于弗维色伽和阎膏珍发行的半身像类型货币广为人知，我们显然会由此推测这枚货币和这二者有关。在其他报告中[④]他还说道，“正如我们早前讨论过的，三枚迦腻色伽四分之一金标币中的其中两枚，正面都刻着国王的半身像。”但是我未能找到他所说的“早前讨论”，找到他可能明确提及过迦腻色伽半身像类型的四分之一金标币的有关内容。也许我不知道大英博物馆的货币真实的样子如何，但我的叙述正是维尔玛的观点之一，因此其并不会有令读者困惑之处。而为了让读者更好地理解维尔玛的想法，他需要在自己的陈述中作出进一步的说明解释。

但是无论如何读者们也应该感谢他指正我，告知人们大英博物馆存放的并非一枚而是两枚迦腻色伽半身像类型的四分之一金标币——一枚是阿施狩类型的货币，另一枚是湿婆类型的货币。同时，我仍想指出的一点是，他认为目前的这枚货币是迦腻色伽（一世）的第四枚四分之一金标币，这个观点可能是不正确的。我不能确保大英博物馆里这个面值的全身像类型货币是唯一的一枚。因为从维尔玛的论述发表所依赖的货币目录之中可以看出，大英博物馆应有更多此类货币。迦腻色伽全身像四分之一金标币并不像维尔玛认为的那样罕见。至少有三枚这样的货币样本存放在位于印度贝拿勒斯大学主校区的巴哈拉特卡拉美术馆，而他就是在这所大学教授货币学。货币背面的全身像分别代表弥若、发罗和娜娜。

而大英博物馆中半身像类型的四分之一金标币也并非只有两种货币样本。维尔玛可能不知道勒克瑙州立博物馆也存放了阿施狩类型的一枚

③ 《印度货币学协会期刊》第 45 卷，第 37 页。
④ 《印度货币学协会期刊》第 45 卷，第 38 页。

四分之一金标币，这枚金币在那里已存放了半个多世纪。因此目前的这枚金币，不是这个类型的第三枚而是这个类型的第四枚货币。基于我上述的观点去假设这些货币属于迦腻色伽（一世）是有疑问的。

话说回来，现在即使得知货币的下落，这对我们的研究也并无太大的影响。但是维尔玛提出的一个观点仿佛将我置于被告席，他说我不仅被误导了，而且连我自己本身也是困惑的。也许他认为这个货币在江布尔区的拉姆·鲁普·古普塔那里的观点可能是正确的，但我并不能肯定。维尔玛可能足够幸运地可以看到货币实物，但不可否认，无论拉·姆鲁普。古普塔向谁出售这枚货币，他都从未展出过这些货币。因为他总是试图通过照片来出售货币或者从事货币交易。我能断言，他不仅不允许私人收藏家看到货币实物，而且就连博物馆也从未有任何机会看到货币实物。这可能正是货币一直没有被售出的原因。[⑤] 无论我的上一篇报告中内容怎样，在这里我还是要重申，这并非如同维尔玛所推测的一样只是一个故事，而且事实上我发表的那些照片是一位可敬的货币收藏家给我的。这位货币收藏家的为人足以令人信服。他也可能是被人误导了，但是在那种情况下，误报者不会是别人而只会是古普塔自己。现在维尔玛应该意识到，究竟是谁糊涂了。

附　录

自从写这个报告之后，我就开始得知，迦腻色伽半身像类型的四分之一金标币并不像维尔玛与我推测的那样如此罕见。如今它们和站立类型的四分之一金标币一样为众人所熟知。而唯一的问题是印度学者并没有过多关注这些金币。他们没办法轻易接触到在印度之外发表的文献。贵霜货币学的最新成果是戈比用德语编写的贵霜货币地图册。它记录了迦腻色伽半身像类型的 17 枚货币和站立类型的 18 枚货币。戈比所了解

⑤　货币现在存放于勒克瑙州立博物馆。报告发表后被售卖。

的半身像类型的货币有⑥：

1. 阿施狞（1）未披露货币来源。

（2）~（3）存放于大英博物馆（未发表）

（4）大英博物馆［大英博物馆货币目录（B. M. C.）26. 11；罗森菲尔德 35］。

（5）由捷马尔发表（可能被存放在艾尔米塔什博物馆，列宁格勒）。

（6）~（7）盖的收集，白沙瓦。

（8）美国货币协会，纽约。

（9）拉合尔博物馆（《旁遮普博物馆货币目录》，17. 67）。

（10）伯恩斯的收藏，美国，加利弗尼亚州。

2. 瑁（11）大英博物馆（罗森菲尔德 101）。

3. 娜娜（12）大英博物馆（罗森菲尔德 160）。

（13）大英博物馆（未发表）。

（14）美国货币协会，纽约。

（15）伯恩斯的收藏，加利弗尼亚州。

4. Oeṣo（16）大英博物馆（B. M. C.，26. 16）。

（17）大英博物馆（未发表）。

这个库存表明大英博物馆保存了 8 枚货币，其中只有两枚货币记录在博物馆的目录里。博物馆的另一枚货币由罗森菲尔德所示（Mao，101）；五枚则未公开发表过，印度学者不了解这五枚货币的详情。然而，他们很可能了解已公开发表的三枚货币的内容。维尔玛咨询了大英博物馆货币目录（B. M. C.）而没有咨询罗森菲尔德；而我咨询了罗森菲尔德，但是我只了解到一枚货币（编号 36），而没有了解到其他两枚（编号 101，106）。旁遮普博物馆存放了一枚货币，但没有学者意识到并且留意过它的存在。对于戈比列出的库存，我们可能会向其中添加两

⑥ 维恩：《贵霜王朝的造币》，第 102 页，编号 41 – 45，Pl. 6，1984 年。

枚货币，一枚是上述已发表的货币，另一枚是我上述指出的存放于勒克瑙州立博物馆但是未发表的货币。第三枚背面刻有阿施狩的货币也将被添加到这个库存中，如果它不属于上述列表中的第 1 至第 10 的任何一个的话。我刚注意到一个美国货币经销商的拍卖目录，这是在 1980 年 12 月 10 日拍卖的。无论如何，这种类型的货币并不罕见。

然而，与它的归属相比，货币的稀有性并不那么重要。戈比给出了十七枚之中的六枚货币的插图，正如讨论中的货币，这些货币正面的环形铭文全部开始于 12 点钟或者是 1 点钟方向。我曾明确指出，迦腻色伽和他的继承者弗维色伽以及瓦苏提婆的货币，上面的铭文都开始于大约 7 点钟方向。因此，我对将半身像类型的四分之一金标币归于迦腻色伽一世提出质疑，这是完全合理的。我还指出，只能在后瓦苏提婆的货币中看到铭文开始于 12 点钟或者 1 点钟方向。这实际上意味着这枚货币属于一个在后瓦苏提婆时期名为迦腻色伽的统治者，尽管我未在上述报告中特别说明这一点。

而在后瓦苏提婆时期存在两位名为迦腻色伽二世和三世的统治者。要确定这两位姓氏为“迦腻色伽”的统治者中的哪一位发行了这些四分之一金标币，则十分困难。但鉴于金币背面迦腻色伽二世的刻有 Oeṣo，而迦腻色伽三世的刻有阿道克狩，所以这些四分之一金标币很可能是迦腻色伽二世发行的。他发行的货币中最著名的是 Oeṣo 类型货币，而阿道克狩类型则很少见。从货币上铭文的文体上来说，这些货币和瓦苏提婆的货币十分相近。

第十章
瓦西色伽的货币*

当我浏览了罗森菲尔德在其《贵霜王朝艺术》一书中给出的插图时，我注意到，他将大英博物馆里的一枚货币称为迦腻色伽三世的货币①，但是这枚货币刻着的币文不同于已发现的这位统治者的货币币文。该货币的插图见图 19。

这枚货币上 1 点钟到 5 点钟的币文被截断了，但是通过字母的痕迹，我们能够清晰地看到是“ṢAO NANO ṢAO”。而 7 点钟到 11 点钟的字母是清楚的，并且很容易解读为“BAZEṢ KO KOṢ AN［O］”。穆克吉也注意到了另一枚最初也被认为是迦腻色伽三世的货币②，并且上面刻着币文“BAZEṢ KO KOṢ ANO”。③ 这枚货币是在一个储存了 33 枚贵霜金币的贮藏中发现的，这个贮藏是在江布尔区的德鲁布尔村（北方

* 本文最初发表于 1988 年的《印度货币学协会期刊》第 10 卷，第 70 – 80 页。作者是萨罗吉尼·库拉什雷什塔。

① 罗森菲尔德：《王朝艺术》，Pl. Ⅶ，编号 240，第 109 页。

② 穆克吉：《巴扎什科的金币》，《印度货币学协会期刊》第 34 卷，第 31 页，1972 年。

③ 斯利瓦斯塔瓦发现于江布尔地区的贵霜货币贮藏，《期刊博物馆和考古学之北方邦》第 4 期（1969 年 12 月），第 29 页，图 12。

邦）被发现的。[4] 货币的插图见图20。

穆克吉和我都没有声称发现了贝斯克（瓦西色伽）货币。在我们注意到这些货币之前，戈比就已经在一些其他货币上发现了名字“BAZEṢKO”。1996 年他第一次在四枚货币上看到这个名字——其中两枚货币存放于伦敦大英博物馆，一枚货币存放于牛津的阿什莫林博物馆，还有一枚存放在白沙瓦博物馆。[5] 之后，他在其书中提及巴克特里亚和印度的伊朗匈奴人的部分提到了这些货币。[6] 1979 年他公布了另外三枚货币，这三枚货币属于瓦西色伽——第一枚来自私人收藏，第二枚被存放于大英博物馆，第三枚则属于美国货币学协会。[7] 戈比发表的这些货币上的统治者的名字也不完整，或者仅有部分可用，并且上面提到的货币在戈比给出的大英博物馆货币插图中，缺少相应的图片。因此，这枚货币是瓦西色伽货币列表中的一个添加项。[8]

这些货币的正面都是在圣坛后面的区域刻着一柄三叉戟，这种样式也成为后来（后瓦苏提婆）铸币的特点。这些货币背面上的阿道克狩和迦腻色伽三世的货币密切相关。所以我们推测瓦西色伽发行了这些货币，而瓦西色伽是后瓦苏提婆时期紧挨着迦腻色伽三世的一位统治者。

我们从以下铭文中知道有一个名为瓦西色伽的国王：

1. 在桑吉发现两个起源于马图拉的佛教雕塑，记录了在位国王为“Rājña Vaskuṣāṇa”[9] 和“Mahārājasya rajatirājasya devaputra-

④ 斯利瓦斯塔瓦发现于江布尔地区的贵霜货币贮藏，《期刊博物馆和考古学之北方邦》第 4 期（1969 年 12 月），第 27 – 30 页。

⑤ 戈比：《瓦西色伽二世：此前不为人知的贵霜国王》，《奥地利科学协会期刊》第 11 期，第 285 – 300 页，1965 年。

⑥ 戈比：《巴克特里亚和印度的伊朗匈奴人的文献记录》第 2 卷，第 312 – 313 页，威斯巴登，1967 年；第 4 卷，Pl. Ⅰ，16；Pl. Ⅷ，1 – 4。

⑦ 戈比：《瓦西色伽、瓦克苏萨纳和索达萨》，《奥地利科学协会期刊》，1979 年，111，社会学科第 11 分册，第 118 – 125 页。

⑧ 在本文刚刚开始写的时候，戈比就已经发表了一篇纪念的贵霜货币地图集，包括很多瓦西色伽的货币。维恩：《贵霜王朝的造币》，1984 年，Pl. 35。

⑨ 马歇尔和富歇：《桑吉》，Pl. 105 c，第 386 页。

sya Ṣāhi-Vaśiṣka”。[10] 他们的年号分别为22年和28年，表明这几年有一个叫作瓦西色伽[11]的国王。

2. 一个发现于伊萨布尔（马图拉附近）的瑜帕柱（祭祀柱），刻着铭文“Mahārājasya rajtirājasya devaputrasya Ṣāher Vaśiṣkasya rājya – samvatsarye Caturvviṁśe”。[12] 这个短铭文指出，叫作瓦西色伽的国王于公元24年掌权。

3. 而另一个于巴基斯坦的阿坦克附近的埃罗发现的佉卢文铭文，刻着以下词语：“Maharajasa rajatirajasa devaputrasa Kāisarasa Vajheṣkaputrasa Kaniṣkasa saṁvatsarae Cahaparisae 20 20 1 （即41）”。[13] 这表明，有一位迦腻色伽即位年号为41年，并且他是瓦西色伽的儿子。

到目前为止，大多数学者皆赞同将所有关于瓦西色伽的铭文记录时间确定在早期的贵霜王朝统治者的统治时间当中，所以相较于瓦西色伽的铭文，戈比和穆克吉认为瓦西色伽的货币属于瓦西色伽二世，这意味着铭文中的瓦西色伽是指瓦西色伽一世。

人们估计这些铭文代表的日期都是迦腻色伽（贵霜王朝）时代，有学者指出年号为22至41时期与贵霜王朝统治者迦腻色伽和弗维色伽的统治时期相重叠。他们用共同统治的假说用来解释这个明显错误的时代重叠期。根据这些学者的观点，在年号为22和23时期，瓦西色伽和

---

⑩ 马歇尔和富歇，Pl. 124b；第285页；布勒：《桑吉的更多祭祀铭文》；《印度铭文》第2部，第269页及其后；吕德斯：《三条早期的婆罗米语铭文》，《印度铭文》，第9部，第244页。

⑪ 雕刻师可能忘记了字母“śka”，并且在日期为22年的铭文中将“Vaśiṣka Kuṣāṇa”雕刻成了“Vaṣkusāṇa”。这样的疏忽也在马图拉铭文中出现过，其中弗维色伽被雕刻为Huṣka（勒克瑙博物馆的坎卡利蒂拉耆那教图像）。布勒：《来自马图拉的更多耆那教铭文》，《印度铭文》，第2章，第206页。

⑫ 沃格尔：《伊萨布尔献祭之柱》，《印度考古调查年度报告》，1910—1911年，第40 – 48页。

⑬ 斯腾·库努夫：《迦腻色伽二世的埃罗佉卢文铭文》，《印度铭文》第14卷，第130 – 143页。

迦腻色伽一世共同统治，之后瓦西色伽是和弗维色伽共同统治。按照这样的思路，那么埃罗铭文中的迦腻色伽是指迦腻色伽二世；而学者们认为，他在年号为41的时候和弗维色伽共同统治。

而我的观点是，支柱上的铭文和货币铭文中的名字瓦西色伽是同一回事，而非存在于两个不同时期的两个不同统治者。

许多在马图拉的石头雕塑上，都刻着带有年号为2至98这段时间的铭文，学者们判断这段时期是在迦腻色伽（贵霜王朝）时代。娄伊泽指出：当人们重建马图拉艺术学院的相对时序的时候，其中一些雕塑所具有的元素的时间比提到的雕塑上的时间更晚。她将这样的雕塑单独列出来，并认为这些雕塑是后瓦苏提婆时期的作品，且在雕刻时省略了数字100⑭，即它们比雕塑上的落款时间晚了100年。如果估算这些时间是在迦腻色伽（贵霜王朝）时代的延续，那么这些年代应该加上100。更通俗地说，这些马图拉雕塑的时代不同于迦腻色伽（贵霜王朝）时代。在一个世纪之后这个新纪元随着年号1年的开始而重新计算。人们将其称为第二个贵霜王朝时代。

根据风格属性，娄伊泽将上述两个桑吉雕塑中的一个确定为属于后瓦苏提婆时期，这些风格属性是她在后期的贵霜雕塑中发现的。她认为铭文中的瓦苏贵霜是瓦苏提婆的继任者之一。⑮ 由于第二个雕塑残缺不全，所以她对该雕塑并未发表看法。但是据罗森菲尔德对桑吉发现的两个雕塑的讨论，他认为这两个雕塑出现的时间比迦腻色伽和弗维色伽的时间更晚。⑯ 他暂且认为这些雕塑的铭文中提到的国王可能会反映在刻有瓦苏名字的一系列货币上⑰。简而言之，他认为这些雕塑属于后瓦苏提婆时期。

如果将娄伊泽和罗森菲尔德提出的有关这些雕塑时期的结论和发现刻有瓦西色伽名字货币放在一起加以考虑，那么并没有多少空间可以怀

---

⑭ 娄伊泽：《印度历史的斯基泰时期》，莱顿，1949年，第237页及其后。

⑮ 娄伊泽：《印度历史的斯基泰时期》，莱顿，1949年，第312－314页。

⑯ 罗森菲尔德，见前引书，第295页，脚注22。

⑰ 罗森菲尔德，见前引书，第113页。

疑铭文提及的瓦西色伽的身份。其中一个雕塑明确提及了这个名字即瓦西色伽。我们可以毫不犹豫地识别出他就是货币所指的瓦西色伽。这个铭文的时间太接近第二个桑吉雕塑，以至于如果我们假设它是在瓦西色伽货币的时期雕刻的，这也十分合理。伊萨布尔的瑜帕铭文提到的瓦西色伽的时间，在桑吉铭文的两个时间之间，像它们一样，这个铭文很容易就归属于瓦西色伽货币。

我们除了根据娄伊泽和罗森菲尔德得出的结论，将桑吉和伊萨布尔铭文确定为后瓦苏提婆时期，并且用货币上的瓦西色伽识别了铭文中瓦西色伽的身份之外，还在这些铭文叙述的内容中得到了一个独立的证据。这个证据非常确凿，表明它们不属于任何早于后瓦苏提婆的日期。

这个证据十分隐蔽，所有描写迦腻色伽、弗维色伽和瓦苏提婆（年号为 84 之前）的铭文使用的头衔都是“Mahārāja rajatirāja Devaputra”,[18] 而桑吉和伊萨布尔铭文描写的瓦西色伽头衔为“Mahārāja rajatirāja Devaputra Ṣāhi”。这是在瓦苏提婆年号为 83 之后的铭文中第一

---

⑱ 迦腻色伽 — *Mahārāja rajatirāja Devaputra*（坐画像，马图拉博物馆）J. P.；沃格尔：《马图拉的探索》，《印度考古调查》，1911—1912 年，第 122 页及其后。

10 Mahārāja Devaputra（献祭铭文，存放于大英博物馆）。吕德斯：《三条早期的婆罗米语铭文》，《印度古文物研究者》第 9 卷，第 239 - 241 页。

弗维色伽 33 Mahārāja Devaputra（佛教图像，存放于勒克瑙博物馆）。布洛赫：《佛教图像上的两处铭文》，《印度铭文》第 8 卷，第 181 页。

35 Mahārāja Devaputra（勒克瑙菩萨，存放于马图拉博物馆）罗森菲尔德，见前引书，第 267 页。

40 Mahārāja Rajatirāja（查尔贡纳加拉贾，存放于马图拉博物馆）。罗森菲尔德，见前引书，第 267 页。

45 Mahārāja Devaputra（佛教图像，存放于孟买大学）。罗森菲尔德，见前引书。第 267 页。

50 Mahārāja Devaputra（佛教图像，存放于马图拉博物馆）。罗森菲尔德，见前引书，第 267 页。

53 Mahārāja Devaputra（纳若里的佛教图像基座，存放于马图拉博物馆）。罗森菲尔德，见前引书，第 167 页。

60 Mahārāja rajatirāja Devaputra（坎卡利蒂拉的耆那教图像，存放于勒克瑙《印度铭文》博物馆）布勒：《来自马图拉的新耆那教铭文》，《印度铭文》，第 286 页。

瓦苏提婆 78 Mahārāja rajatirāja Devaputra（杰马勒布尔石板，存放于印度博物馆）。布勒：《来自马图拉的新耆那教铭文》，《印度铭文》，第 1 卷，第 373 页。

次看到“Ṣāhi”作为额外的头衔与通常的“Mahārāja rajatirāja Devaputra”头衔一起使用；[19] 此后在娄伊泽认为属于后瓦苏提婆时期的大部分雕塑上也有使用。[20] 显然，在瓦苏提婆统治的后期，才开始引用这个额外的头衔“Ṣāhi”。若该额外的头衔是在桑吉和伊萨布尔铭文中发现的，那么唯一的结论便是，他们在任何情况下都不会早于瓦苏提婆时期，而铭文中提到的瓦西色伽不是别人，正是钱币的发行者。

然而，有两个马图拉铭文中的绰号“Ṣāhi”是用于被人们视为贵霜伟人的人身上，如前瓦苏提婆统治者，而这一点可以被引用来反驳之前的结论，这些结论还需要彻底查证。

其中一段是在靠近马图拉的迈特[21]发现的，并被刻在王位坐画像上，人们将其解读为“Mahārāja rajatirāja Devaputra Kuṣāṇ aputra Ṣāhi Vemataksama”。学者们认为这里的“Vemataksama”是指阎膏珍。如果确实如此，那么这段铭文的存在就足以反驳上述结论。但是“Vemataksama”定义为阎膏珍仅仅是基于这两个名字中都有“Vema”。但是名字的第二部分很重要，却被人们忽略了。在铭文中，阎膏珍一般都是使用头衔“Vima”或者“Vimakaphsa”。如果铭文意在表达肖像是刻画的阎膏珍，那么它会使用人们熟悉的名字的形式，而不是使用这个晦涩的“Takṣama”。这个词语不管是在语言学上或是发音上，绝不等同于“Kadphises（Kaphasa）”。此外，头衔“Mahārāja rajatirāja Devaputra Kuṣāṇaputra Ṣāhi”在这个铭文中的使用还需要我们进行仔细查证。而在

---

⑲ 瓦苏提婆 84 Mahārāja rajatirāja Devaputra Ṣāhi（大力罗摩孔达的耆那教图像，存放于马图拉博物馆）。罗森菲尔德，见前引书，第 269 页。

87 Mahārāja rajatirāja Ṣāhi（坎卡利蒂拉的耆那教图像，存放于马图拉博物馆）。《坎宁安考古调查报告》第 3 卷，第 35 页。

⑳ 迦腻色伽二世 17 Mahārāja rajatirāja Devaputra Ṣāhi（坎卡利蒂拉的耆那教图象，存放于勒克瑙博物馆）。布勒：《来自马图拉的新耆那教铭文》，《印度铭文》，第 391 页。

17 Devaputra Ṣāhi（坎卡利蒂拉的耆那教图像）。罗森菲尔德，见前引书，第 271 页。

㉑ 沃格尔：《马图拉的探索》，《印度考古调查年度报告》，1911—1912 年，第 120 页。

这里最引人注目的是头衔“Kuṣāṇ aputra”。贵霜王朝统治者一直被称为贵霜，而绝不会以“Kuṣāṇ aputra”的形式出现在铭文或者货币中。这个证据相当重要，表明了“Vematakṣama”只是贵霜人的旁系而不是贵霜人的直系后裔。因此，他不应该和阎膏珍相混淆。头衔“Ṣāhi”只能将他置于后期统治者之列，而绝不属于贵霜伟人。

第二个铭文是旁亚瑟拉铭文。它被认定在一个年号为28的不确定的时代，我们一般认为这是迦腻色伽（贵霜王朝）时代。贾亚斯瓦尔[22]首次公布了这个铭文，然后斯腾·库努夫[23]对此加以编辑，最后斯卡尔提到了它。[24] 我们还未意识到：在这段铭文中，明显缺失了在马图拉发现的带有这个时间的贵霜铭文中总会提及的在位国王的名字，这很重要。我们无法确定记载铭文时谁才是国王。更重要的是，事实上虔诚行为的功绩赋予了名字在第9~10行的这个人。而由于贵霜王朝的马图拉铭文中无一例外给统治者使用王室头衔“Mahārāja”或是“Mahārāja rajatirāja”，但是在这里却省略了，因此如果在位的国王是弗维色伽，那么这就相当奇怪了。基金的捐助者是他自己，而他是一个掌管宗教机构（巴康那提）的州长官。我们难以想象，哪一位州长官会如此轻率以至于藐视所有的皇家礼仪，在提及现任君主的时候仅仅使用一个附属头衔“Ṣahi”，特别是在君主还为捐助者奉献了“功绩”的情况下。以上两点足以使人相信，即使第9~10行提到的人其名字是弗维色伽，他也不可能是国王。

这个铭文刻在柱子底部矩形部分的一侧，现存放于马图拉博物馆，该馆距我所在的地方仅一步之遥。所以，我可以亲自进行观察和查

㉒ 《比哈尔邦和奥里萨邦研究学会期刊》第18卷，第4页及其后，第6页。

㉓ 斯腾·库努夫：《年号为28的马图拉婆罗米语铭文》，《印度铭文》第21卷，第55－61页。

㉔ 斯卡尔：《弗维色伽的马图拉石头铭文——（萨卡）28年》，《精选铭文》，第151－152页，Pl. XXXⅡ。

证。[25] 令学者们惊奇的是，铭文中从未出现弗维色伽的名字。只有第 10 行出现了一个“Puviṣka”，但是无论如何这也不能被解读为“Huviṣka”。库努夫也清醒地认识到了这个事实，但还是接受了铭文中的名字为弗维色伽。他在他的论文脚注中坦诚地承认道，那看起来像是“Puviṣka”。只有斯卡尔在未提供任何关于实际雕刻信息的情况下，就提出了铭文样本中的名字是弗维色伽的观点。似乎库努夫和斯卡尔知道除执政君主之外无人之名会以“viṣka”结束，因此推测它指的是唯一符合这一特征的名字弗维色伽。但是几乎不会有学者会以这样的理由和这样的方式来修订历史文件。

著名的碑铭研究学家和古文字学家在对铭文进行仔细观察后，会发现这段铭文几乎不存在任何文字上的错误。他们也可能已经意识到，即使是那些雕刻家曾在他们的雕刻中犯下了严重的文字错误，但是他们也绝不会弄错君主的名字。无论是有意还是无意，他们确实有时会缩短了名字的拼写，[26] 但是无论如何他们也不会将名字的开头部分弄错。然而，他们还是认为在此处雕刻师在刻写国王名字的时候犯了错误。无论如何，由于他们校正了刻在石头上的实际名字，所以在学者之间树立了一个关于这段铭文的错误主张，而现在我们需要予以纠正。

铭文中的实际名字是“Puviṣka”或“Praviṣka”，目前我们尚无证据可以证明它属于弗维色伽时期。据我观察，头衔“Ṣāhi”应该只用于后瓦苏提婆时期，所以就目前的证据来看，该铭文应属于后瓦苏提婆时期，而且其上所述日期应该是在第二贵霜时代。从铭文的脚注中，我们或许可以找到佐证。虽然我不是古文字学家，但是在我看来，比起早期的贵霜铭文而言，这更类似于早期的笈多铭文。

㉕ 非常感谢博物馆馆长斯利瓦斯塔瓦提供设备让我检查铭文，还要感谢副馆长普什帕·萨克瑞尔带我参观老博物馆建筑，看到了保存的铭文。

㉖ 例如，瓦西色伽贵霜在桑吉铭文缩写为 Vasakuṣāṇa（上面提到过）。另一个实例是现存放于勒克瑙博物馆中的坎卡利蒂拉的耆那教图像。那里的弗维色伽被写为 Huṣka（布勒：《来自马图拉的新耆那教铭文》，《印度铭文》第 2 卷，第 206 页）。

由此，通过鉴别桑吉与伊萨布尔铭文的瓦西色伽，可以为鉴别瓦西色伽货币铺平道路。现在我们可以认为：只有一位“瓦西色伽”，而且他得势于后瓦苏提婆时期，这种观点是恰当的、有说服力的。

现在我们还剩下埃罗铭文，这个铭文被确定在年号为41时，并且是指“Mahārājā rajatirāja Kaisara Vajheṣkaputra Kaniṣka”。这里有一个头衔“kaisara”，它在贵霜铭文中的其他地方从未出现过。人们普遍认为贵霜王朝统治者的这个头衔受到了罗马皇帝头衔的影响，但是我们可能没有意识到这个头衔和头衔“Ṣahi”含义相同。在我看来，这里使用的头衔“kaisara”可能与“Ṣahi”同义，如果这个假设可以被接受，那么将这些铭文确定为同属桑吉与伊萨布尔铭文之列是毫无困难的，甚至即使该假设不成立，这也是很容易确定的。

目前我们需要注意的是，铭文中提到“迦腻色伽”这个名字的时候，称其为“瓦西色伽的儿子”。瓦西色伽的货币在其材质、风格和内容上，都相当接近迦腻色伽三世的货币，以至于学者们过去没有留意到它们之间的差别。这两个系列的货币可能是由连任的父子发行的。因此，瓦西色伽和迦腻色伽，即埃罗铭文中的父亲和儿子，可能被确定为货币上的瓦西色伽和迦腻色伽三世。

瓦西色伽货币的发现，使瓦西色伽与迦腻色伽二世处于贵霜王朝历史伟人之列的假设成为现实，并将他们确定在后瓦苏提婆时期。现在我们可以合理地说：名叫瓦西色伽的国王存在于后瓦苏提婆时期，即年号为22至28时期；而他的儿子是迦腻色伽三世（从埃罗铭文得知并且有货币信息支撑），并在年号为41时继任。如果现存于加尔各答印度博物馆的马图拉佛陀坐像基座上断断续续的铭文[27]可以被恢复为“Mahārājasya Deva［putrasya］［Ka］niṣkasya saṁ 30（or 40）he［4］di［10 4］”，那么这个迦腻色伽也可以认为是在早些时候的年号为30或40时即位的。[28]

迦腻色伽二世虽然不在贵霜王朝历史的早期，但是我们仍未排除其

---

[27] 萨尼：《来自马图拉的七条铭文》，《印度铭文》第19卷，第66页，编号3。
[28] 穆克吉：《贵霜家谱》，第75－77页，加尔各答，1967年。

存在。他不是埃罗铭文中的迦腻色伽，而是那些具有后瓦苏提婆时期的艺术特性以及时间为7年[29]、9年[30]、14年[31]和17年[32]的马图拉雕塑上的迦腻色伽。这些雕塑上其中两个铭文[33]也刻着国王使用的附加头衔“Ṣahi”。他的货币应该很容易与现有的归属于迦腻色伽三世的货币区分开来。对我而言，那些背面刻有Oeṣo的后瓦苏提婆的货币是这个国王（迦腻色伽二世）发行的货币，而只有背面刻着阿道克狩的货币属于迦腻色伽三世。[34]

㉙ 坎卡利蒂拉的耆那教图像，存放于勒克瑙博物馆。布勒：《来自马图拉的新耆那教铭文》，《印度铭文》，第391页，编号19。

㉚ 坎卡利蒂拉的耆那教图像。班纳吉：《斯基泰时期的新婆罗米语铭文》，同上，第10部，第109页，编号3。

㉛ 佛教基座，存放于马图拉博物馆。萨尼：《迦腻色伽第14年的马图拉基座铭文》，同上，第96－97页。

㉜ 坎卡利蒂拉的耆那教图像，存放于马图拉博物馆。罗森菲尔德，见前引书，第271页。

㉝ 见脚注㉙和脚注㉜。

㉞ 1981年11月5—6日在伦敦举办的后贵霜货币讨论会上提交了原始论文。

第十一章
马图拉地区的贵霜货币*

我们仔细审视了马图拉地区发现的货币之后，并未找到丘就却是贵霜王朝第一位统治者的任何蛛丝马迹。这意味着他在位之时还未控制该地区。根据坎宁安的说法，与“伟大贵霜”货币一起，在马图拉地区以及在摩陀耶提舍的几乎所有地方都发现了“伟大救世主”的货币。他在马图拉还发现了一种本土类型的货币。① 但是在我们对马图拉目前发现的货币的调查过程中，还未在任何类型的货币之中找到一枚“伟大救世主”货币。我们不愿去过分关注坎宁安的观点。我们认为阎膏珍是第一个丘就却之后占领了马图拉地区的贵霜王朝统治者。如果他在马图拉的统治是 20 年，那么他的在位时间将被确定为公元 2 世纪的第二个或是第三个十年。

现阶段，我们注意到了一枚铜币。这枚铜币发现于松克发掘现场表

---

* 在马图拉的文化遗产讨论会上提交了初稿。这个讨论会是由美国研究印度的研究在 1980 年的新德里组织的。《马图拉：文化遗产》，斯里尼瓦桑编，第 132 – 135 页，新德里，1989。

① 坎宁安：《萨卡人的货币》第二部分，第 14 页；55（遵照《印度斯基泰人，萨卡人和贵霜人的货币》，瓦拉纳西，1971 年再版）。坎宁安表示这些货币并没有在其他地方发现，但是怀特海德在德里和杰格达里发现了它们。他说可能它们曾在旁遮普东南部流通（《旁遮普博物馆货币目录》，第 162 页，脚注 1）。

面，是在娜迦半圆形室寺庙区的挖掘期间，在主要挖掘现场的外围被发现。我们随即在寺庙之下发现了一个早期的贵霜建筑。[2] 铜货币的两面都刻着婆罗米语币文。货币一面上的币文清楚地写着一行“Huviṣkasya”；另一面上，有两行币文，这两行币文可能被解读为“putraka/ṇaka（sya）”（图2）。这枚货币上正背面的图案分开来看在印度货币中可能是未知的，但把它们连在一起时就可解读出意义，可解读为“Huviṣkasya putra Kaṇikasya”。意思是货币的发行者是卡尼卡，而他是弗维色伽的儿子。[3] 我们并不了解弗维色伽的儿子迦腻色伽。也就是说，迦腻色伽的继任者弗维色伽有可能有一个儿子名为迦腻色伽。但是在这枚货币上，我们从未看到任何可被称为贵霜王朝所拥有的图案。货币上的人物形象，虽然身着外国服装，但是不似在贵霜货币上的统治者抑或神的形象。这个形象和早期土著货币的图案十分接近。[4] 这枚货币在其材质和制作方式上也不属于贵霜风格。货币正面图案带有一个正方形铸印的特点属于早期印度货币。这种图案最近出现在般遮罗系列货币上，并随着贵霜人的出现而不复使用。此外，这里没有贵霜货币上用于弗维色伽或者是迦腻色伽的统治者头衔，并且贵霜王朝统治者不曾在他们的货币上使用源于父名的姓或名字，这个用法可在马图拉诸侯苏达萨（Rājuvulaputasa Khatapasa Śodāsasa）货币上看到。[5] 从这些特点我们几乎可以断定，这枚货币属于马图拉在贵霜王朝历史上的一个极早的时期。古文字学家也认为，货币似乎并不属于晚于迦腻色伽一世的任何时

---

② 哈特尔在其报告中没有提及这枚货币。然而，我发表了这枚货币（《带有婆罗米文铭文的一枚贵霜货币》，《印度货币学协会期刊》第35卷，第123－128页，1976年）；见其上，第65－70页。

③ 如果货币两面的铭文果真如哈特尔论文认为的那样可以相互独立解读，并且“putra Kaṇikasya”是指迦腻色伽的儿子，那么弗维色伽可能被视为货币的发行者。然而，这种解释是最古怪的。要说这是迦腻色伽儿子的话，那么正确的形式将是“Kaṇikasya putra”，而绝不会是“putra Kaṇikasya”。

④ 和优禅尼货币上的图像比较（《大英博物馆货币目录之古印度》，Pl. XXVII，1－4）。

⑤ 《大英博物馆货币目录之古印度》，第191页，var. b。

期。名字“卡尼卡”在文字学上仅仅用于指代迦腻色伽一世。[⑥] 这意味着，这些货币是在他进入马图拉的早期为了保持当地传统而发行的。他的带有古希腊—巴克特里亚文样本的货币可能是在之后发行的，并在他的整个领土上流通。因此这枚货币揭示了一个未知的事实，即卡尼卡（迦腻色伽一世）是弗维色伽（我们可称他为弗维色伽一世）的儿子。

到目前为止，迦腻色伽一世的继任者——弗维色伽的一些金币表明迦腻色伽的父亲，即弗维色伽一世继任于阎膏珍。我们从未认真考虑过货币上刻着的名字弗维色伽可能对应同名的不同人。历史上有两个弗维色伽，这种观点并不新鲜。早些时候，托马斯[⑦]、巴沙姆[⑧]、纳拉因[⑨]和迈蒂[⑩]综合考虑了各种情况，并得出了存在两个弗维色伽的结论。我们在这里并不关注他们提出的大多数论点。我只会参考纳拉因根据弗维色伽这个名字的两种不同拼写来推测存在两个弗维色伽，即 Oeṣko（OOHÞKO）和 Oeṣki（OOHÞKI）。[⑪] 他并不仅仅依赖在名字拼写上的差异，他还引用了一个相似的实例加以证明。他指出迦腻色伽一世的名字在其货币上被拼写为“Kaneṣki（KANHÞKI）”，而在之后迦腻色伽三世

⑥ 对于区别 Kaṇika 和 Kaniṣka I，可参见穆克吉：《贵霜人和德干》（加尔各答，1968年，第27页；第40页；第45页，脚注19；第49页，脚注51；第50页，脚注52）；穆克吉：《贵霜家谱》（加尔各答，1967年，第116页，脚注180）。还可参考利维：《印度—斯基泰的注释》（发表于《印度古文物研究者》，1903年，第32卷，第380－389页）；托马斯：《关于中国突厥斯坦的藏族文字学文本和文件》（伦敦，1935年，第119页，脚注2）；罗克希尔：《佛陀的一生》（第280页，脚注2）。

⑦ 托马斯：《斯基泰时期的注释》，《皇家亚洲学报》，第116页，1952年。

⑧ 巴沙姆：《迦腻色伽的继承者》，《东洋与非洲学院通报研究期刊》第20卷，第77－78页，1957年。

⑨ 纳拉因：《弗维色伽的一枚独特的金币和两枚银币》，《印度货币学协会期刊》第22卷，第99页，1960年。

⑩ 迈蒂：《贵霜的含金量，贵霜首领和来自印度博物馆的萨珊王朝金币》，《印度货币学协会期刊》第20卷，第164页和第166页，加尔各答，1958年。

⑪ 为了反驳这个观点，穆克吉提出了在巴克特里亚语言基础上的语法规则，以此来表明这两种形式对于这个名字来说都是有效的（《贵霜家谱》，第66－67页）。但是语法不能否定常识。所谓的常识，是没有人会用两个不同的形式来书写或拼读自己的名字。如果使用了这两种形式，那么这毫无疑问意味着他们并不是同一个意思，也不代表同一个人。

的货币上则是“Kaneṣko（KANHPKO）”。两种不同拼写的原因只可能是为了区分两位同名的统治者。如果迦腻色伽的情况确实如此，那么弗维色伽的情况也是一样的。

另外，我想补充的是，“Oeṣko（OOHPKO）”的拼写只在两个品种的货币上看到过：（1）骑象者类型[12]（2）盘腿而坐的国王类型。[13] 其他所有带有国王半身像的货币，一致拼写的是“Oeṣki（OOHPKI）”。盘腿而坐的皇家肖像属于毛厄斯、阿泽斯二世和丘就却时期；[14] 大象类型货币和阎膏珍的很相似。[15] 在迦腻色伽一世的货币系列中则完全未知这些类型的货币，且迦腻色伽一世是介于阎膏珍和弗维色伽（我估计是弗维色伽二世）之间的。而这不可能是纯粹的巧合。再者，这两种类型货币上的花押字形式，和阎膏珍（）（图7）以及迦腻色伽的货币一样；弗维色伽自己的花押字是（）（图8），只能在特定的半身像类型货币上看到。当我们把货币类型、花押字和拼写结合在一起的时候，就将骑象者和盘腿而坐类型货币的发行者与半身像类型货币发行者区分开来。这些货币类型表明前两种货币的发行者，早于迦腻色伽一世且接近阎膏珍时期，并且不同于发行半身像类型的弗维色伽，即在迦腻色伽一世之后的弗维色伽。

有趣的是，麦克道尔分析了铜币的重量之后，将其归属于弗维色伽时期[16]，并且基于重量显著下降和花押字的改变发现了两个截然不同的时间组。根据他的观点，弗维色伽的第一组铜币，正面铭文开始于1点钟的位置，货币背面的符号形式做工精良，这些背面符号和阎膏珍以及迦腻色伽（）使用的符号一样。第一组货币展示了国王骑着一头大

---

⑫　罗森菲尔德：《贵霜王朝的艺术》，第61页；Pl. Ⅲ，41－42，洛杉矶，1967年。

⑬　罗森菲尔德：《贵霜王朝的艺术》，第62页；Pl. Ⅲ，44。

⑭　罗森菲尔德：《贵霜王朝的艺术》，第14页；Pl. Ⅲ，6。

⑮　罗森菲尔德：《贵霜王朝的艺术》，第22页；Pl. Ⅰ，17。值得注意的是，这种类型的一枚货币也在瓦拉纳西发现过（威尔逊：《艾尔亚纳印度史》，第354页）。

⑯　麦克道尔：《从阎膏珍到瓦苏提婆的贵霜王朝金币和铜币铸币重量标准》，《印度货币学协会期刊》第22卷，第71－73页，1960年。

象，并盘腿坐在一个坐垫上。这些货币还清楚地显示了其重量集中在15克至16克，即代表阎膏珍和迦腻色伽的四德拉克马面值。而弗维色伽铜币第二组的特点是使用了一个特别的符号（）（图8），这在半身像类型的金币上也可以看见。它们通常都雕刻精良。这些货币的铭文不开始于1点钟的位置，而且字母更大，但并不完整。这些货币重达8克到13克，是以10克到12克的货币重量的标准铸成的。

麦克道尔对于当前货币划分的解读十分谨慎。因此，他提出，这些货币的发行可能是在两个独立的时期，或者是来自两个独立的造币中心。但是，回顾上面我们讨论过的在金币上发现的区别，我们可以合理地提出以下观点：铜币的两种划分和从金币划分中推导出来的结论相一致，即弗维色伽不止一个，并且其中一个弗维色伽的即位时间可能介于阎膏珍和迦腻色伽一世期间。这个弗维色伽（弗维色伽一世）很可能即为在松克发现的铜币上提到的弗维色伽。

再者，弗维色伽半身像类型的金币可以划分为两组，这表明，它们是由同名的两个弗维色伽发行的（弗维色伽二世和弗维色伽三世）。尽管这些货币刻画的国王右手都一致地拿着权杖或棍棒，但是他左手拿着的物品可以帮助我们将货币区分为两个品种。在一些货币上，国王拿着一个奥古萨[17]（图9），而其他货币上国王拿着的则是矛或者权杖[18]（图10）。我认为，它们和同名的两位不同统治者有关。这一点无须更多的细节证明，引用类似的阿泽斯一世和阿泽斯二世发行货币的例子就可以证实。詹金斯基于货币上的御马者手中拿着的不同物品，区分出了两位阿泽斯。他认为阿泽斯一世的货币上，御马者拿着一个矛，而阿泽斯二世的货币上，则拿着一条鞭子[19]（图11和图13）。

上述属于两个弗维色伽（弗维色伽一世和弗维色伽二世）的两种

---

[17] 罗森菲尔德：《王朝艺术》，第63页；Pl. Ⅲ，第48－59页。

[18] 罗森菲尔德：《王朝艺术》，第84页；Pl. Ⅲ，60；第4卷，61－74。

[19] 詹金斯：《印度—斯基泰的铸币厂》，《印度货币学协会期刊》第17卷，第1－2页，1955年。

类型货币，可以用北方邦的两个金币贮藏来证实。其中的一个贮藏有13枚货币，于1965年在巴拉班吉地区发现，所有的货币都属于弗维色伽并且是国王拿着奥古萨的类型，这个贮藏没有包括拿着矛和权杖的货币类型。[20] 另一个贮藏是1971年在加瓦尔地区被发现的，有45枚货币，其中44枚属于弗维色伽时期，余下1枚属于瓦苏提婆时期。这个贮藏中包括的所有弗维色伽的44枚货币都是国王拿着权杖类型的货币。它们之中没有一枚是国王拿着奥古萨[21]。这两个贮藏中的金币差异明显，因此毫无疑问，这意味着两种类型的货币分别发行于两个不同的时期。而加瓦尔贮藏中瓦苏提婆货币让我确定了国王拿着矛的货币发行稍晚。[22] 这种奥古萨类型的货币属于弗维色伽二世，而权杖类型货币则属于弗维色伽三世。

这里我们可以再次参考麦克道尔关于弗维色伽铜币重量的观点。他把上文提到的第二组铜币，根据重量分为两类。它们代表的货币重量标准为（1）10~20克，以及（2）7~9克。他认为这些铜币存在于两个截然不同的年代，[23] 很可能是同名的两个连续统治者的货币。

刻着弗维色伽名字的铭文覆盖了一个相当长的时间段，即从迦腻色伽年号为28年至年号为60年这一时期。[24] 这很可能是在两个弗维色伽

---

⑳ 斯利瓦斯塔瓦：《来自巴拉班基地区的贵霜金币》，《印度货币学协会期刊》第31卷，第15－21页，1969年。

㉑ 斯利瓦斯塔瓦：《来自特赫里—格尔瓦地区的贵霜金币》，《印度货币学协会期刊》第38卷，第72－73页，1975年。

㉒ 一个发现于密鲁特地区（未发表，存放于勒克瑙州立博物馆）的金币贮藏，这也表明弗维色伽权杖类型的货币是之后才发行的。这个贮藏包括了弗维色伽的一枚货币还有瓦苏提婆和他继任者的一些货币。不幸的是，这个贮藏中的这枚弗维色伽的货币现在失去了下落。但从勒克瑙国家博物馆的《宝库报告》对它的描述来看，这是一枚类型罕见的货币，货币上的国王戴着一条印度风格的头巾。这枚货币可能类似存放于慕尼黑（西德）国家博物馆的货币（纳拉因：《弗维色伽的一枚独特金币和两枚银币》，《印度货币学协会期刊》第22卷，第7页，1960年）。慕尼黑货币展示的是国王的右手拿着一个权杖。

㉓ 麦克道尔，见前引书，第71－72页。

㉔ 罗森菲尔德：《王朝艺术》，第226－268页。

时期（弗维色伽二世和弗维色伽三世）。在此期间，关于这两个弗维色伽是连续统治还是中间有其他统治者这一问题，还有待深入调查。

弗维色伽三世是由瓦苏提婆继任的。这点是上面提及的加瓦尔贮藏清楚揭示的。弗维色伽三世属于迦腻色伽年号 64 年（或 67 年）至 98 年的铭文是已知来自马图拉地区㉕，这些铭文证明了他在马图拉的存在。但是他之后的马图拉地区的政治历史就很模糊了。我们提出了一个不确定的观点，即游得希亚人和（或者）娜迦人导致了贵霜王朝统治在这一地区的衰落。但是在马图拉博物馆却几乎看不到任何游得希亚的货币，且娜迦人的货币也只有几枚㉖，以至于它们的出现不足以代表他们在马图拉的任何方式的占领。因此，马图拉的历史从这个时期一直到笈多王朝的崛起始终空白。

关于这段历史的一些信息可能来源于对北方邦和附近的货币贮藏。但迄今为止，这些贮藏从未受到合理的关注。通过仔细检查铜币贮藏㉗，我们认为可分为两组。贮藏中的一组来自贵霜王朝统治的所有地区，只包括了早期贵霜王朝统治者（从阎膏珍到弗维色伽）的货币。在这些货币中通常都没有瓦苏提婆的货币，而就算在少数情况下发现了瓦苏提婆货币，其数量可谓寥寥，以至于毫无价值可言。贮藏中的另一组则包含了瓦苏提婆和他继任者的特定货币，这些铜币出现的范围限制在马图拉及周边地区。只有金币的贮藏扩散范围相较更广一些。根据贮

㉕ 罗森菲尔德：《王朝艺术》，第 268－270 页。

㉖ 在准备写本文之前，我把马图拉博物馆货币收藏和在马图拉的一个私人收藏全部观察检查了一遍。

㉗ 在我的论文《东印度的贵霜—穆伦达统治》中提到在比哈尔邦、孟加拉和奥里萨邦的贵霜货币发现物，以及毗领地区的发现列表（《印度货币学协会期刊》第 36 卷，第 29－39 页，1974 年；《印度货币学协会斯刊》第 36 卷，第 71－102 页）。我早期的两篇文章中包括了来自北方邦东部的发现物（《贵霜帝国的东部扩张》，发表于《印度历史季刊》第 29 卷，第 212－214 页，1953 年；《印度历史季刊》，第 21－40 页。《在东印度的贵霜货币的日期》，发表于《印度货币学协会期刊》第 15 卷，第 185－189 页，1953 年；《印度货币学协会期刊》，第 41－50 页）。C. S. 斯利瓦斯塔瓦和 A. K. 斯利瓦斯塔瓦在《宝库报告》的基础上提出了北方邦的贵霜货币发现列表（《期刊博物馆和考古学之北方邦》，1969 年第 3 期；1971 年第 8 期）。

藏本身的特点来进行划分意义重大。这清楚地表明，在瓦苏提婆时期或者在其早期，贵霜王朝对东部地区的统治大为减少，而且其统治区域仅限于马图拉及其周边地区。正如人们通常认为的那样，它并未被歼灭。

第二组在马图拉及周边地区发现的铜币[28]将是证实我们研究目的的最佳证据，但不幸的是，它们从未得到应有的研究和出版。然而，我所知道的五个金币贮藏，虽然不是正好在马图拉地区发现的，但是也应该可以给我们的研究目的提供帮助。其中一个在江布尔地区发现的贮藏包含33枚货币，[29] 另一个在阿奈地区发现的贮藏则只有12枚货币；[30] 第三个贮藏有21枚货币发现于密鲁特地区。[31] 所有这些地区皆位于北方邦，而北方邦大部分地区都受到贵霜人的影响，并且受控于马图拉。第四个贮藏发现于达多法塔赫布尔村克特里（琼丘努地区、拉贾斯坦

㉘ 在迈特发现了一个有着1221枚货币的贮藏。另一个有着120枚货币的贮藏是在松克的挖掘现场发现的（A. K. 斯利瓦斯塔瓦：《在北方邦的贵霜货币发现地点》，《期刊博物馆和考古学之北方邦》第8期，第40页，条目15和条目17，1971年）。最近，大约有1500枚货币的第三个贮藏发现于戈文德纳加尔（现在在马图拉博物馆，信息来自A. K. 斯利瓦斯塔瓦）。第四个有着296枚货币的贮藏发现于在斋浦尔地区（拉贾斯坦邦）的姜巴兰杰。离马图拉地区不太远（可能现在斋浦尔博物馆，该信息由普瑞米阿塔·帕克玛提供）。

㉙ A. K. 斯利瓦斯塔瓦：《来自江布尔地区的贵霜货币贮藏》，《期刊博物馆和考古学之北方邦》第4期，第27－30页，1966年。斯利瓦斯塔瓦认为，这个贮藏包括了迦腻色伽、瓦苏提婆、迦腻色伽三世和瓦苏的货币。但是在这些货币之中，穆克吉发现了一枚货币上清楚地写着名字Bazeshko（《巴扎什科的金币》，发表于《印度货币学协会期刊》第34卷，第31－35页，1972年）。这在后贵霜统治者的列表中添加一个新的名字。他也许被确认为是桑吉铭文中的瓦西色伽或者Vasku ṣāṇa（马歇尔、富歇和马宗达：《桑吉的纪念碑》第3卷，第385－386页，加尔各答，1940年）。铭文分别刻着日期28和22，并且一些学者认为这两个日期是在第二个贵霜时代。

㉚ A. K. 斯利瓦斯塔瓦：《来自乌纳奥地区的贵霜金币》，发表于《期刊博物馆和考古学之北方邦》第5－6期，第31－32页，1970年。它包括后瓦苏提婆货币。

㉛ 《印度考古学》，第39页，1953—1954年。这里给出的信息含糊不清，在一定程度上来说是不准确的。在贮藏中没有贵霜—萨珊货币。我已经在勒克瑙博物馆检查了这个贮藏，它包含弗维色伽的一枚货币（国王拿着矛），瓦苏提婆的六枚货币（普通类型2，凹面“杯状”类型6，迦腻色伽的五枚货币（湿婆和公牛类型），以及迦腻色伽三世的十枚货币（阿道克狩类型）。

邦)，包含10枚货币。[32] 第五个贮藏发现于希萨尔地区（哈里亚纳邦）的马塔萨尔。[33] 这两个地方与马图拉地区相距较近。

当我们综合这五个金币贮藏的内容并加以研究时，发现了一条一端为贵霜王朝瓦苏提婆一世，另一端为笈多王朝的沙摩陀罗笈多的时间线，这条完整的时间线至少包括了五位统治者——瓦苏提婆二世、迦腻色伽三世、贝兹斯卡（瓦西色伽）、瓦苏和萨卡。[34] 因此，他们表明，贵霜王朝和笈多王朝之间没有空隙。然而，即使我们得知萨卡的货币发现于马塔萨尔贮藏，但这也并不等同于萨卡即为马图拉地区的统治者或者他一定是贵霜王朝统治者。[35] 它仅仅表明了在沙摩陀罗笈多统治下的笈多王朝崛起之前统治者们的时间序列而已。

我们有大量马图拉地区的铜币。他们还延续着迦腻色伽三世和瓦苏提婆二世时期的传统，即背面为阿道克狩的传统样式。它们表明，在马图拉地区的贵霜王朝统治链上，还可能存在更多统治者，这里列出这种

---

[32] 帕克玛：《来自拉贾斯坦邦的贵霜金币贮藏》，《印度货币学协会期刊》第39卷，第160页，1977年；《货币文摘》第7卷，第25－35页，1981年。

[33] 该贮藏在1915年被发现，但是仍然没有公开发表。起初它含有86枚货币，但是只有60枚掌握在了官方手中。在它们之中，33枚属于笈多帝国（沙摩陀罗笈多的29枚，卡查笈多的4枚），剩下的货币和贵霜有关。直到最近，关于这个贮藏唯一的信息是它包含了一枚沙摩陀罗笈多一种罕见的战斧类型货币（《印度考古调查年度报告》，1915—1916年，第25页；1926—1927年，第19页；阿尔特卡尔：《笈多帝国的货币制度》，第309页，瓦拉纳西，1957年）。后来，我有机会拿到了拉合尔中央博物馆的年度报告。1915—1916年的报告披露，该贮藏最初是由怀特海德检查的，他随后对这个贮藏准备了一个非常简短的报告。根据他的报告，这个贮藏中值得注意的货币是：一枚精致的沙摩陀罗笈多的战斧类型，一枚沙摩陀罗笈多的马祭类型和4枚卡查笈多的货币。他没有提关于贵霜货币的一个字。然而，1916—1917年的报告透露，来自这个贮藏的20枚货币（11枚笈多王朝的，9枚贵霜的）被博物馆收购了。报告中有全部20枚货币的插图，但没有任何描述。插图揭露了博物馆的包括瓦苏提婆的两枚货币（反面是湿婆—南迪），迦腻色伽二世的两枚货币（反面是湿婆—南迪），迦腻色伽三世的两枚货币（反面是阿道克狩），瓦苏的两枚货币（反面是阿道克狩），以及萨卡的一枚货币（反面是阿道克狩）。按照这一披露，可以推测，没有被博物馆收购的剩余货币应该是这些货币的复制品。因此我们现在对这个贮藏有了一个合理的概念。

[34] 为了获得一个清晰的历史概况，这些贮藏需要细部处理和批判性的研究。这里所说的一切都是贮藏研究的要旨。

[35] 笈多：《帝国笈多王朝》，第250页，瓦拉纳西，1974年。

货币的三种类型（见图 26 ~ 图 28）。其中有一种类型最有趣（见图 26），国王面向前方坐在宝座上，右手拿着一个带状物，而举起的左手可能拿着一个权杖。他右手后面是一个宽刀片的尖矛，代替了瓦苏和其他人早期货币上的三叉戟。在右手右侧的手臂下方则出现了铭文“Vīra”。也许，左手下方可能也有一些不太清楚的字母。这种类型的货币无疑属于一位名叫维拉的国王，而他可能是瓦苏的继任者。其他两类货币可能是在其之后发行的。

在上述情况下，我们认为，在瓦苏提婆一世之后，可能在 100 年内出现了瓦苏提婆二世、迦腻色伽二世、瓦苏、维拉和一些可能继任了瓦苏或者介于他们之间的一些其他统治者。现在，我们可以说贵霜王朝统治仅仅是随着沙摩陀罗笈多的崛起而终止。沙摩陀罗笈多的起源时间很可能被确认为是在大约公元 350 年。因此，这些后瓦苏提婆统治者的起源时间可能开始于大约公元 250 年。如果我们接受这个时间作为迦腻色伽年号为 98 年的日期，那么瓦苏提婆一世的最后已知时间，即迦腻色伽时代开始的时间将大约是在公元 140—150 年，而这和我之前提到的几乎是同一时间。[36]

㊱ 见下文，第 145 页。

第十二章 亚穆纳恒河平原地区的贵霜王朝*

在中国的史料中，有一个叫“月氏”的游牧部落，这个部落在大约公元前2世纪初从中国的边境离开，到达了奥克苏斯河地区，并定居在巴克特里亚（大夏古国）。当这个游牧部落在那里住了大约一个世纪之后，一位月氏贵—商分支的王子入侵了帕提亚或阿富汗的印度—帕提亚领域的部分地区，并占领了阿富汗中部、犍陀罗国和斯瓦特河谷下游。他的继任者被称为贵霜人。他把贵霜的疆土扩大到了北印度的亚穆纳恒河平原地区，并由此建立了一个疆域远至东部瓦拉纳西的伟大帝国。

关于贵霜历史的说法纷繁多样，而这些说法大多是基于中国史料，以及王朝西部，即在阿富汗和中亚发现的考古遗址。然而，基本的印度资料来源，尤其是亚穆纳恒河平原地区的资料来源，却大部分都被人们忽略了。

本书试图通过收集在这个地区上发现的，尤其是近年来才发现的铭文和货币资料，来评估贵霜人的历史。

我们暂且不谈最初存在并局限在西部的巴克特里亚及其周围地区的

---

* 本文最初发表在《编年史》（东方大学研究所），那不勒斯，意大利，第45卷（1985年），第199－222页。

少数统治者，那么贵霜人通常被划分为两个截然不同的群组。较早的一个群组仅包括两个统治者：丘就却和阎膏珍。据说，第二个群组开始于名叫迦腻色伽的国王，后者的统治者延续了几代，并且他们的历史是贵霜人的主要历史。

东方的阎膏珍

关于第一组中的丘就却，我们在贵霜王朝东部（亚穆纳恒河平原地区）的任何地方都没有发现他的任何铭文和货币。显然，他并未进入这个区域。在这个地区，我们仅仅发现了第二个统治者阎膏珍的货币，证明了他的存在。但是目前仍未有关于他的铭文。最近，在北方邦法塔赫布尔的雷的亚穆纳河岸发现了一枚湿婆—林伽（Śiva－liṅga）的货币上雕刻的一段婆罗米语铭文可能与他有关（图31）。

这个铭文的下半部分是残缺破损的，只有三行被保留了下来；发现者沙玛将它们解读如下：

（1）*Mahārājasa Rājarājasa*

（2）*Mahaṁtasa trātārasa dhaṁmi－*

（3）*kasa jayaṁtasa ca apra*

第四行以下仍然有一些遗留内容，夏尔马将它们推测并恢复为“［jitasa］Minanda（de?）rasa”。基于这些恢复的内容，他把这段铭文归于印度—希腊统治者米南德。在这段铭文中，他发现了一个确凿的证据：“强悍邪恶的希腊人沿着马图拉向华氏城进军。”①

在恢复这几行内容时，夏尔马并未谨慎考虑过古文字学。而他关于第四行米南德名字的猜想，仅仅是基于前三行所提及的国王的头衔的假设，这些头衔是希腊语“Basileos basileon megalou soteros dikaiou kai aniketou Menandrou”的古印度语的翻译。除了这个有趣的解释，夏尔马却未能意识到无论是在他们的铭文上还是货币上，“Basileos Basileon”从未被任何印度—希腊国王使用过这个基本事实。这个头衔在印度开始流

① 沙玛：《米南德的雷铭文和印度—古希腊对恒河峡谷的入侵》，第8－10页，安拉阿巴德，1980年。

行仅仅存在于萨卡—安息统治者当政期间，他们在其货币上使用这个头衔。在铭文中所提到的其他头衔中，只有“tratara”和“dhramika”这两个头衔曾经在米南德货币上出现过，而且它们从未一起使用。其余头衔则由其他印度—希腊统治者在其货币上单独使用。它们从未由哪个印度—希腊国王在同一处使用。另一方面，正如维尔玛②所指出的，在阿富汗西北部卡姆拉发现的一位贵霜王朝统治者的铭文是所有的古印度语头衔一起这样使用的。③ 这些事实很清楚地表明：雷铭文和米南德没有任何关联。他的名字无法通过任何天马行空的想象在铭文第四行后半部分的遗留内容中辨认出来。铭文只和一位早期贵霜王朝统治者相关，而且他仅仅可能是在这个地区发现其货币的阎膏珍。最近，人们在北方邦伯斯蒂地区的比普罗瓦，发现了一个刻着他名字的黏土密封。④ 他对东方的远征以诃提衮帕铭文为证。⑤

弗维色伽一世——迦腻色伽的父亲

通常认为，迦腻色伽，即第二个群组的第一位统治者，是阎膏珍的继任者。而迦腻色伽是以何种形式和阎膏珍有联系的，以及迦腻色伽在阎膏珍之后是否立刻占领了亚穆纳恒河平原地区，或者两者之间是否存在任何间隔，这几个在贵霜王朝历史上遗留的问题至今仍未得到回答。

这时候，一枚铜币（图 2）引起了我们的注意。这枚货币由赫伯特·哈特尔带领的一个考古探险队在考察期间于马图拉地区的松克发现。它发现于娜迦拱点寺庙地区的土地表面，随即在其下面发现了早期

② 维尔玛：《一篇关于雷铭文的笔记》，《兰加瓦利，印度学近来的研究》，第 77－80 页，孟买，1981 年。

③ 穆克吉：《印度博物馆期刊》，第 114 页，加尔各答，1973 年；多宾斯：《东方和西方》，罗马 25，1975 年，第 105－109 页。

④ 《印度碑文协会期刊》第 7 期，1980 年，第 98－100 页。

⑤ （诃提衮帕）铭文在第 8 行提到了“yavana-rāja”，当他意识迦罗卫罗的权力时，他逃到了马图拉。“yavana-rāja”的名字刻着 3 个字母，其中第二个字母可能读为“ma”或者“mi”。它被恢复为“Dimita”这点值得质疑，它的意思是德米特里厄斯，即印度—古希腊的国王。但早在 1951 年，我认为这是指“Vimaka”，也就是阎膏珍。巴特那博物馆有一个该铭文的石膏模型，我在这里做馆长的时候检查了这段铭文，证实了我的想法。

贵霜王朝建筑。货币的两面都刻着婆罗米语币文。一面上的币文清楚地写着一行“Huviṣkasya”；另一面上则有两行铭文，并且可能被解读为“putra ka /ṇika［sya］”。当我们把两面的币文放在一起的时候，便可将其解读为“Huviṣkasya putra Kaṇikasya”，这表明货币的发行者是迦腻色伽，而他是弗维色伽的儿子。

因为到现在为止，我们尚不清楚哪一个迦腻色伽是弗维色伽的儿子，而我们仅仅知道的是，弗维色伽是迦腻色伽的继任者。所以基于这枚货币，我们可能初步假设迦腻色伽的继任者弗维色伽有一个儿子，并且是迦腻色伽（卡尼卡），但是经过仔细检查之后，我们便排除了这种可能性。这枚货币上并没有可以被称为贵霜的图案。货币上的人物形象，虽然穿着外国服装，但是并不像在贵霜货币上看到的国王或者是神的形象。这个形象和早期土著货币的图案很接近。⑥在材质和制作上，这枚货币也不同于贵霜货币风格。此处正面带有一个正方形铸印的特征是早期印度钱币的特征。这一图案是在后来般遮罗系列货币上为人所知的，而般遮罗系列货币则在恒河平原贵霜王朝出现之后就不再使用了。此外，在贵霜货币上出现的皇室头衔，并未出现在弗维色伽或者迦腻色伽的货币上。而在早期的印度货币上，不带皇室头衔是很盛行的。再者，没有贵霜王朝统治者曾使用过任何一种“父名”（名字的一部分是基于父亲、祖父或早期男性祖先的名字），而“父名”在马图拉统治者 Kṣatrūpa Sodāṣa 的货币上可以看到。货币上有一段铭文——Rājuvulaputasa Khatapasa Śoḍāsasa？这些特征足以表明，货币属于贵霜王朝在亚穆纳恒河平原地区出现的一个很早的时期。它遵循着这个地区当时的本地货币传统。从古文字学来看，货币似乎并不比迦腻色伽一世的时期晚，而迦腻色伽一世是在史学传说上唯一被用卡尼卡指代的国王。这枚货币最有可能是发行于早期，并先于这里介绍的、属于常见类型中迦腻色伽一世带有古希腊—巴克特里亚样本的货币。因此这枚货币

---

⑥ 参照乌贾因货币上的图像（《大英博物馆货币目录之古印度》，Pl. XXXVII，1－4）。

揭示了一个事实，即卡尼卡（迦腻色伽一世）是弗维色伽的儿子，而我们称弗维色伽为弗维色伽一世是为了和之后的弗维色伽，即迦腻色伽一世的继任者相区别。这枚货币也明确表明了阎膏珍可能并未立即被迦腻色伽一世继任，或者至少迦腻色伽一世不是阎膏珍的直系后裔。

我们在迈特（马图拉）发现的基座铭文中，找到了迦腻色伽一世是弗维色伽一世儿子的佐证。⑦这段铭文残缺不全，有的地方还很模糊，但是根据这段铭文恢复之后的形式，这段铭文上的内容显示，一个"devakula"（祖先的圣地）是由某人或者为了某人建立的，而这个人叫作"satyadharmasthita"，但他的名字是不完整的。尽管如此，由于这个头衔前面的字母"mārasya"可能被恢复为"kumārasya"，因此我们能够很明显地知道他不是丘就却。这进一步使我们认识到，有着一个池塘的"Mahārāja rājatirāja Huviṣka pitāmaha"的图像是在那里被建立的。"devakula"废弃了，而为了"Mahārāja rajatirāja devaputra Huviṣka"的"āyur-balavṛddhi"，一些"mahādaṇḍanāyaka"则把它修复了。这里的"Huviṣka pitāmaha"通常被解释为"弗维色伽的祖父"。但是由于我们发现祖父的名字缺失了，所有人认为这个人是指阎膏珍，并且他被确定为Vematakṣama，而这个名字是在迈特的相同位置的另一个基座铭文上发现的。⑧⑨

不幸的是，当我们以这种方式解释该铭文时，却并未意识到这两段铭文是刻在两个不同雕像基座上的基本事实，而这两个雕像不可能是同一个人的。而在任何"devakula"中同一位先祖不会有超过一个以上的雕像。即使他被确认为阎膏珍，"Huviṣka pitāmaha"也绝不会是"Ve-

---

⑦ 《大英博物馆货币目录之古印度》，第191页，var. b。

⑧ 马图拉博物馆，编号215A。《皇家亚洲学报》，1924年，第401页；阿格瓦拉：《北方邦历史学会期刊》第23卷，1950年，第40-41页。（编者注：原书在正文中没有标注脚注⑧。）

⑨ 《印度考古调查年度报告》，1911—1912年，第122页及其后；《印度铭文》第21卷，第59页；《北方邦历史学会期刊》第23卷，1950年，第40-41页。

mataksama”。[10]

因此很明显，在迈特铭文上的“Huviṣka pitāmaha”不可能是指阎膏珍。实际上这个术语，正如托马斯[11]所指出的并由布萨利[12]所支持的观点一样，这个铭文绝不意味着“弗维色伽的祖父”，对这个铭文简单且自然的解释是“弗维色伽长者（或者是祖父）”。这个绰号“pitāmaha”（老者），是用来将安装于基座上的雕像代表的弗维色伽和统治者弗维色伽相区别。他的铭文清晰表明，历史上存在一位弗维色伽，他比我们熟悉的弗维色伽出现得更早。

除了这个铭文，我们还有迦尔诃那的《王河》能够作为证据。其中提到了三个统治者的名字：胡斯卡、加斯卡和迦腻色伽，据说他们用自己的名字建了三座城市。[13] 由于我们不能否认迦尔诃那叙述的史实性，这无疑意味着，名为胡斯卡和加斯卡的两位统治者是先于迦腻色伽存在的。尽管我们目前为止尚未知晓关于加斯卡的任何史实，但胡斯卡可以被确认为弗维色伽。而由于胡斯卡曾在马图拉的一段铭文中出现过，因此我们无须讨论胡斯卡是否是“弗维色伽”这个名字的缩写形式。[14] 这意味着有一位弗维色伽确实先于迦腻色伽而存在。

一些金币也显示这位弗维色伽继任了阎膏珍。而基于那些刻着弗维

---

⑩ 从“takṣama”无论是在语言学还是发音上都不能等同于“Kadphises”的事实来看，我们能很清楚地知道，Vemataksama 完全不同于阎膏珍。此外，Vemataksama 刻着头衔“Mahārāja rajatirāja devaputra Kuṣāṇaputra Ṣāhi”。阎膏珍或者任何其他贵霜统治者不会被称为“Kuṣāṇaputra”。这个头衔是专门指 Vemataksama。而头衔“Ṣāhi”正如本文所展示的一样（以上，第 171 页及其后），只用于瓦苏提婆晚期，并且只用于后瓦苏提婆的统治者。因此，Vemataksama的即位只能在贵霜后期，不会更早。

⑪ 《斯基泰时期的注释》，发表于《皇家亚洲学报》，1932 年，第 116 页。

⑫ 《迦腻色伽时期的研究》，第 46 页。

⑬ 斯坦（译本）：《王河》第 1 章，第 168－173 页。

⑭ 坎卡利蒂拉耆那教图像，存放于勒克瑙博物馆。《印度铭文》第 2 卷，第 205 页；《皇家亚洲学报》，1903 年，第 352 页；《印度古文物研究者》第 33 卷，第 38 页。

色伽名字的金币，托马斯[15]、巴沙姆[16]、纳拉因[17]，以及迈蒂[18]已在不同的文章中提到过存在两个弗维色伽。与此相关的是，纳拉因已指出了弗维色伽这个名字的两种不同拼写；一些货币上是“Oeṣko”，而另一些货币上则是“Oeṣkī”。他使众人注意到，事实上在迦腻色伽一世的货币上，其名字总是被拼写为“Kaneṣki”，而在归属于后来的迦腻色伽即迦腻色伽三世的货币上，其名字则被拼写为“Kaneṣko”。对于这个名字即迦腻色伽的两种不同的拼写，也清楚地说明这是为了区分同名的两个统治者；同样地，在货币上弗维色伽名字拼写上的差异也说明了这一点。适用于两个“迦腻色伽”的解读，同样也适用于解读两个“弗维色伽”的情况。

纳拉因的论点听起来很完美，但他并没有意识到与当前的研究息息相关的最重要事实，那就是在弗维色伽金币中，我们仅在两种类型的货币中可以看到“Oeṣko”的拼写：(1) 骑象者类型（图3）货币，(2) 盘腿而坐的国王类型货币（图4）。而在弗维色伽其他所有货币，都是统一的半身像类型并可以看到“Oeskī”的拼写。刻着“Oeṣko”名字的两种类型货币都同样被认为属于阎膏珍（图5～图6）。但是这两种类型的货币在迦腻色伽一世的货币系列中都明显不存在，且迦腻色伽一世在世的时间介于阎膏珍和弗维色伽（弗维色伽二世）之间。这并不是一个简单的巧合。在弗维色伽这两种类型的货币背面上的花押字，和我们在阎膏珍以及迦腻色伽货币上看到的是一样的（图7）。因此无论是名字的拼写，还是货币的类型，以及它们的花押字，都足以表明弗维色伽的货币被分为两组，分属两个弗维色伽。我们可以断言，骑象者类型的货币和盘腿而坐的国王类型的货币是由弗维色伽（弗维色伽一世）发行的，而他的在位时间接近阎膏珍时期且早于迦腻色伽一世时期；他和继

⑮《皇家亚洲学报》，1915年，第108－116页。
⑯《东洋与非洲学院通报研究期刊》第20卷，1950年，第77－78页。
⑰《印度货币学协会期刊》第22卷，第99页。
⑱《印度货币学协会期刊》第20卷，第162－171页。

任迦腻色伽一世，且发行半身像货币的弗维色伽是不同的。

而我们从金币中推导出来的这个结论，也有被归属于弗维色伽时期的铜币作为佐证。麦克道尔分析了这些铜币，并且基于铜币在重量标准上的显著下降以及反面花押字的改变，从而在它们之中检测到了两个截然不同的时期。[19] 根据他的分析，弗维色伽铜币的第一组是那些正面铭文从 1 点钟方向开始，并且货币背面的花押字形式做工精良，而这些背面花押字和阎膏珍以及迦腻色伽时期所使用的花押字一样（图 7）。这些货币的图案为：国王骑着一头大象，并且盘腿坐在卧榻上。这些货币还表明了重量集中在 15 ~ 16 克的代表了阎膏珍和迦腻色伽的四德拉克马面值。弗维色伽铜币第二组的特点是，这些铜币使用了一个完全不同的花押字（图 8）。这些货币的铭文不开始于 1 点钟位置，并且其字母更大，但是其形式做工并不精良。这些货币重达 8 ~ 13 克，并以 10 ~ 12 克的货币重量标准铸成。铜币的这两种划分代表了两个不同时期的货币，而这个划分是麦克道尔得出的结论。[20] 所有的这些证据放在一起，便表明了存在两个弗维色伽，其中一个接近于阎膏珍时期，另一个则继任了迦腻色伽一世。对此，松克铜币让我们了解到弗维色伽一世是迦腻色伽一世的父亲。

弗维色伽二世和弗维色伽三世

大量刻着贵霜王朝统治者名字的婆罗米语铭文，都来自马图拉和其周边地区。它们所属的年代不确定，为年号 2 年至年号 98 年，我们一般假设这是迦腻色伽或者贵霜时代。这些铭文揭示了迦腻色伽一世的统治时间是从年号 2 年[21]持续至年号 23 年[22]，弗维色伽的统治时间是从年

⑲ 《印度货币学协会期刊》第 22 卷，第 71 – 73 页。

⑳ 《印度货币学协会期刊》，第 71 页。

㉑ 憍赏弥菩萨图像，存放于安拉阿巴德博物馆，编号 2948。《印度铭文》第 24 卷，第 211 页。

㉒ 松克佛陀形象，存放于马图拉博物馆，编号 1602。《皇家亚洲学报》，1924 年，第 400 页；《北方邦历史学会期刊》第 21 卷，1948 年，第 45 – 46 页。

号25年[23]持续至年号60年[24]。而下一个统治者瓦苏提婆的最早的起始时间从铭文中所知的是年号64年或者年号67年[25]。这就意味着弗维色伽的统治始于年号23年和年号25年之间的一个年份，结束于晚于年号60年，但早于年号64年的一个年份。因此，我们从这些铭文中得知，弗维色伽统治的时间大约持续了40年。一个统治者的统治时期如此长并不是不可能，但确实也不常见。所以，许多学者怀疑在40年如此长的时期里，可能存在两位同名为弗维色伽的统治者。而为了证明这两位同名的弗维色伽在这一时期的存在，托马斯、巴沙姆及其他人[26]已经提出了他们的观点，并且其中有很多观点以他们的思路看来有据可依，而且合理，但是从未有人正面证明过这些观点。然而，刻着弗维色伽名字的货币存在足以清楚地论证这一点。但不幸的是，迄今为止，人们都没有认真关注过这些货币。

除以上展示过的、属于弗维色伽一世（迦腻色伽一世的父亲）的国王骑象和盘腿而坐的这两种金币类型外，只有一种弗维色伽的金币类型展示了他的侧身半身像。而在这种类型的货币上刻画的国王，其右手无一例外都拿着权杖或棍棒，但是他左手拿着的物品则不是所有货币都一样。这将货币划分为两种明确的种类。在一些货币上，国王拿着一个奥古萨（图9），而在另一些货币上，国王拿着一个矛或者是一个权杖并搭在他的左肩上（图10）。对于这两个不同种类的货币，还没有人正式对其作出历史解释。我斗胆提出它们和两位都叫弗维色伽的不同的统治者（弗维色伽二世和弗维色伽三世）有关，并且他们的即位时间彼此连续。

在刻着名字“阿泽斯”的印度—萨卡货币中有一个相似的实例。

㉓ 戈文德纳加尔佛陀形象铭文，现存放于马图拉博物馆。

㉔ 坎卡利蒂拉耆那教图像，现存于勒克瑙博物馆，编号J26。《印度铭文》第1卷，第346页；《印度古文物研究者》第33卷，第105页。

㉕ 佛教基座铭文，现存放于马图拉博物馆，编号2906；《印度铭文》第30卷，第181－184页。

㉖ 同上，脚注⑬－⑯.

所有的货币都一致刻画着国王骑着马并面朝右边。在其中一些货币上，国王拿着矛（图 11），而在其他货币上，国王则拿着鞭子（图 12）。詹金斯讨论了这些货币，并且其基于骑马的人手里拿着的物品，将它们归属于两个阿泽斯——阿泽斯一世和阿泽斯二世。[27] 在阿泽斯一世货币上，骑马的人手里拿着矛，而在阿泽斯二世的货币上骑马的人手中则拿着鞭子。

我们从呾叉始罗挖掘现场中两个不同地层里发现的货币，给基于货币上国王手中物品的差异提出的两个阿泽斯（阿泽斯一世和阿泽斯二世）的说法提供了决定性证据。不幸的是，我们并没有像这样的挖掘证据来区分上文所提出的两个弗维色伽。事实上，挖掘中任意地层中都很难获得分散的金币，所以不得不依赖于货币贮藏上的证据，而这个证据和在挖掘地层中找到的货币证据一样有效和可靠。1965 年，在北方邦巴拉班吉地区发现的一个贮藏，有 13 枚金币都属于弗维色伽时期。它们中的每一枚货币上刻着的国王左手都拿着奥古萨。[28] 这个贮藏中没有刻着国王拿着矛或者权杖的货币。类似地，还有一个贮藏，它于 1971 年在北方邦的加瓦尔地区被发现，它包括 45 枚金币，其中的 44 枚属于弗维色伽货币，剩下的 1 枚则属于瓦苏提婆货币。[29] 这个贮藏中的 44 枚弗维色伽货币的图案都是国王拿着矛或者权杖，而没有国王拿着奥古萨的图案。两个贮藏的内容互不相同，这足以表明两种弗维色伽的货币明显发行于两个不同时期。因此，它们证实了货币和同名的两个统治者是有关的这个假设。

加瓦尔贮藏的一枚瓦苏提婆货币表明了弗维色伽的矛（权杖）类型的货币出现的时间更晚，并且接近于瓦苏提婆。另一个在北方邦的密鲁特地区发现的贮藏也证实了这一结论。[30] 这个贮藏包括了一枚弗维色

---

[27] 《印度货币学协会期刊》第 17 卷，第 1 页及其后；《国际钱币学大会汇报》，1957 年，第 123 页及其后。

[28] 《印度货币学协会期刊》第 31 卷，第 15 页。

[29] 《印度货币学协会期刊》第 36 卷，第 72 页及其后。

[30] 未发表，现存放于勒克瑙州立博物馆，由我检查。

伽货币，并且是最早的矛（权杖）类型的货币；其他的所有货币则都属于瓦苏提婆和他的继任者们。根据这两个贮藏，我们可以很容易地得出结论：弗维色伽的奥古萨类型货币出现在更早的时期。阿印·珀什金币贮藏也证实了这个结论。[31] 这个贮藏包括了一枚弗维色伽的奥古萨类型货币，同时也包括了迦腻色伽的货币。这些贮藏足以表明奥古萨类型的货币是由弗维色伽二世发行的，而矛（权杖）类型的货币是由弗维色伽三世发行的。

在这里，我们可以再次参考麦克道尔关于弗维色伽铜币重量的意见[32]。他根据弗维色伽第二组铜币的重量将其分为两类。根据他的说法，它们代表了标准（1）10～12 克，标准（2）7～9 克，并且属于两个不同的时期，虽然他并没有明确表明它们分属两个国王，但根据我们上面所讨论的内容，两种不同重量标准的铜币，可归属于两个连续继任的统治者——弗维色伽二世和弗维色伽三世。

联合统治理论——一个谬论

在我们说到贵霜王朝历史中的后瓦苏提婆时期之前，我们自然而然地会首先提到，大多数学者主张的、在弗维色伽和他的继任者瓦苏提婆时期存在两个统治者进行联合统治的理论。这个理论是基于以下铭文而提出的：

1. 在巴基斯坦靠近阿坦克的埃罗，发现了一段佉卢文铭文，它的一行刻着"Maharajasa rajadirajasa devaputrasa kaisarasa Vajheṣkaputrasa Kaniṣkasya saṁvatsaraye 41"。[33] 这表明迦腻色伽即位的年号为 41（在迦腻色伽或者贵霜王朝时期之间），并且他是"Vajheṣka"的儿子，学者们称这个迦腻色伽为迦腻色伽二世。

2. 在马图拉地区的伊萨布尔发现的一个瑜帕支柱，刻着铭文"Mahārājasya Rajatirājasya Devaputrasya Ṣāhe Vaśiṣkasya rājye saṁvatsara

[31] 《孟加拉亚洲学会会刊》，1897 年，第 122 页及其后；第 205 页。
[32] 《印度货币学协会期刊》第 22 卷，第 72 页。
[33] 库努夫：《印度铭文全集》第 1 卷，第 165 页及其后。

caturviṁśa”。[34] 这个铭文表明，一个叫瓦西色伽的国王在年号24（在迦腻色伽或者贵霜王朝时期之间）时即位。

3. 在桑吉发现了两个刻有铭文的佛像基座。他们刻着瓦西色伽的名字，并带有年份22[35]和年份28[36]。

因为这些铭文所覆盖的22～41年被认为是迦腻色伽和弗维色伽的时期，所以这一时期出现了重叠。由此，学者们构想出两个统治者联合统治的理论，并提出在22年和23年，瓦西色伽和迦腻色伽一起统治，之后又和弗维色伽一起统治的说法。按照这样的思路，那么埃罗铭文中的迦腻色伽被认为在年号41时，其曾和弗维色伽共同统治。

研究贵霜王朝历史的学者偶尔会发现一些能够补充这个理论的资料。例如，一位学者注意到了在加尔各答印度博物馆中一个佛陀形象基座上的一段铭文。他在那里读到了迦腻色伽的名字以及年号34[37]。而由于迦腻色伽一世的统治时间被限制在年号22，且瓦西色伽在年号28时和其一起统治，所以他将铭文中的迦腻色伽确认为迦腻色伽二世，因此，他将瓦西色伽和弗维色伽共同统治的时间缩短到仅仅数年。另一位学者则在另一个刻着迦腻色伽名字的马图拉铭文中，读到了年号54。[38] 因为这个时间接近埃罗铭文上的时间，所以他认为两段铭文中的迦腻色伽是同一个人。还有一个学者认为这个铭文的时间是年号94[39]。因为对于一个统治者来说，从年号34到年号94年是很长的一段时间，所以他虚构了另一个迦腻色伽，即认为迦腻色伽三世曾和瓦苏提婆一起进行统治。

在阿富汗的萨卡统治者之中，两个统治者联合统治的情况十分盛

㉞ 现存于马图拉博物馆，编号Q13。《皇家亚洲学报》，1910年，第1311页；《印度考古调查》，1910—11年，第40－48页；《北方邦历史学会期刊》第24卷，1951年，第136页。

㉟ 现存于桑吉博物馆，编号A.83；马歇尔：《桑吉的纪念碑》，第386页，Pl.105c。

㊱ 现存于桑吉博物馆，编号A.82；马歇尔：《桑吉的纪念碑》，第385页，Pl.124b。

㊲ 《马图拉铭文》，第199－200页；《印度铭文》第19卷，第65－66页。

㊳ 《印度铭文》第26卷，第293－297页。

㊴ 穆克吉：《贵霜家谱》，第71－72页；斯卡尔：《全印度东方研讨会记录》第12卷，1943—1944年，第521页。

行。他们把这两个统治者的名字刻在了货币两面。双王的统治关系也存在于西部印度的西萨特拉普王朝中。这个王朝的统治者们会同时发行货币，但是他们其中一个统治者总会用较低的头衔，这两个实例在贵霜货币上从未发现过。因为没有其他证据可以证明存在联合统治的任何制度，所以在贵霜人之间进行联合统治的说法仅仅是一个假设而已。最早在 1949 年，万・娄伊泽在她的《斯基泰时期》中充分证明了这个理论不切实际，然而令人惊讶的是，学者们仍然对它进行反复论证。

在贵霜王朝统治期间，即年号 2 至年号 98，人们在马图拉雕刻了大量的石像，其中一些石像上刻着铭文并提到了时间。在这些马图拉雕塑时间的基础上，万・娄伊泽试图重建马图拉艺术学院的相对年代学，还关注了它们的文体特征。在她的研究中，从艺术的角度来看，她认为有几个雕塑是反常的。这些雕塑上的元素比起它们上面提到的时间要晚得多。通过参考两个耆那教镌刻雕塑，她阐明了自己的观点。一个年份是迦腻色伽的 15 年，另一个是瓦苏提婆统治的 86 年。这两个雕塑参考自相同的词语，都是应一个名叫瓦苏拉的耆那教女尼的邀请竖立的，而瓦苏拉是另一个名叫桑哈米卡女尼的女弟子。令人难以置信的是，同一位女士竟占据了同一个尊贵位置，而且时间长达 71 年。所以万・娄伊泽在仔细检查这两个雕塑的风格特点后得出的结论是，在迦腻色伽 15 年间雕刻的时间更晚。然后她提出这些雕塑的时间是在 100 年之后被更新为 1；而由于克什米尔的卢其卡时代的惯例，100 则被省略了。她认为在年号 15 时，少了 100 这个数字，并且她坚持认为雕塑中刻着年号 15 的迦腻色伽是不同于迦腻色伽一世的，迦腻色伽一世时期是从年号 2 到年号 22。她从货币的角度，找到了证明这个迦腻色伽存在于后瓦苏提婆时期的证据。然后她分选出一些刻着迦腻色伽名字的其他雕塑，这些雕塑的时间范围从年号 3 到年号 17，并且她把它们归属于后一个迦腻色伽，即迦腻色伽三世。这个发现是贵霜研究中的重大突破，但最遗憾的是，该发现并没有得到历史学家应有的关注。

最近，萨罗吉尼・库拉什雷什塔又公开了一个早前关于贵霜人铭文而人们未曾注意到的惊人发现。[40] 她指出，从迦腻色伽一世、弗维色伽和瓦苏提婆直至年号 83 的所有铭文，都只刻着头衔“Mahārāja rajatirāja Devaputra”。[41] 但是自年号 84 以后，一个附加头衔“ Ṣāhi”被添加到瓦苏提婆的头衔中。[42] 这个头衔也有和万·娄伊泽根据艺术特点将其雕塑归属于后瓦苏提婆时期的迦腻色伽的通常头衔一起出现。[43] 在沙摩陀罗笈多的布兰迪巴格支柱铭文中，在该时间段存在的贵霜人被称为“Daiva

---

㊵ 萨罗吉尼·库拉什雷什塔：《货币文摘》第 10 卷，1986 年，第 71 – 75 页；《货币文摘》，第 137 – 146 页。

㊶ 迦腻色伽迈特肖像雕塑，现存于马图拉博物馆，编号 213。《印度考古调查年度报告》，1911—1912 年，第 122 页及其后；《北方邦历史学会期刊》第 23 卷，1950 年，第 39 – 40 页。舍卫国菩萨，现存于印度博物馆。《印度铭文》第 13 卷，第 180 页；第 9 卷，第 291 页。铭文年份标记为 10，现存于大英博物馆，1888 年，编号 7—15.53：《印度古文物研究者》第 9 部，第 239 – 241 页。

弗维色伽的乔巴勒佛教形象，现存于勒克瑙博物馆，编号 B.2。《印度古文物研究者》第 6 卷，第 217 页；第 33 卷，第 39 页。坎卡利蒂拉耆那教形象，现存于勒克瑙博物馆。《印度铭文》第 2 卷，第 206 页；《皇家亚洲学报》，1903 年，第 262 页。勒克瑙菩萨，现存于马图拉博物馆，编号 A63。《北方邦历史学会期刊》第 21 卷，1948 年，第 47 页。坎卡利蒂拉大象大写字母。坎宁安：《坎宁安考古调查报告》第 2 卷，第 32 页；《印度研究》第 33 卷，第 40 页。迈特肖像雕塑基座，现存于马图拉博物馆，编号 215A。《皇家亚洲学报》，1929 年，第 401 页；《北方邦历史学会期刊》第 23 卷，1950 年，第 132 页。佛教图像年份标记为 50，现存于马图拉博物馆，编号 B79。《北方邦历史学会期刊》第 23 卷，1950 年，第 3 页。杰马勒布尔佛陀形象，现存于勒克瑙博物馆，编号 B3：《亚洲社会期刊》第 48 卷，第 130 页；《印度铭文》第 10 卷，第 12 页。纳若里佛教基座，马图拉博物馆，编号 3622。《西沙》，1955 年 4 月，第 136 – 137 页。坎卡利蒂拉耆那教图像，现存于勒克瑙博物馆，编号 J26。《印度铭文》第 1 卷，第 381 页；《印度古文物研究者》第 33 卷，第 105 页。

瓦苏提婆杰马勒布尔石板年份标记为 74，现存于印度博物馆。《印度铭文》第 1 卷，第 373 页；第 9 卷，第 241 页；《印度古文物研究者》第 33 卷，第 106 页。

㊷ 大力罗摩孔达耆那教图像的年份标记为 84 年，马图拉博物馆，编号 B4。《北方邦历史学会期刊》第 23 卷，1950 年，第 6 页。坎卡利蒂拉耆那教图像年份标记为 87。坎宁安：《坎宁安考古调查报告》第 3 卷，第 35 页；《印度古文物研究者》，第 33 卷，第 108 页。

㊸ 坎卡利蒂拉耆那教画像的年份标记为 7，现存于勒克瑙博物馆，编号 J6。《印度铭文》第 1 卷，第 391 页。纳加拉贾浮雕年份标记为 8 年，现存于马图拉博物馆，编号 211：《印度铭文》第 17 卷，第 10 页；《北方邦历史学会期刊》第 23 卷，1950 年，第 103 页。坎卡利蒂拉耆那教形象年份标记为 17，现存于马图拉博物馆，编号 3383，未发表。

putra – Ṣāhi – Ṣāhānuṣāhi”。[44] 这里存在一个附加的头衔“Ṣāhi”。这些铭文清晰地表明了在瓦苏提婆后期，一个附加的头衔“Ṣāhi”通常被添加到头衔“Mahārāja rajatirāja devaputra”之中，并且从此以后，它便成为了后瓦苏提婆统治者的头衔的一个组成部分。现在可通过沙摩陀罗笈多时期的这些头衔很好地识别贵霜王朝。

实际上，这一发现揭示了一个历史事实，那就是对于任何贵霜王朝统治者而言，没有和常用头衔一起出现“Ṣāhi”这个附加头衔的铭文将会或可能会出现得比瓦苏提婆时期早。这最终意味着，为瓦西色伽刻着头衔“Mahārāja rajatirāja Devaputra Ṣāhi”的伊萨布尔瑜帕铭文和桑吉佛教基座铭文，并不属于迦腻色伽一世或者弗维色伽时期，而是属于后瓦苏提婆时期，它们没有数字100，并且属于第二个迦腻色伽（贵霜）时代，而这正是万·娄伊泽吸引我们的注意力之处。因此，在前瓦苏提婆时代中瓦西色伽的存在像空气中的水蒸气一般消失了，并且联合统治的理论也崩塌成了碎片。基于这个认识，我们意识到埃罗铭文的“Vajheṣka”也将是这个瓦西色伽，而年号41估计是在第二个迦腻色伽（贵霜）时代。在那个时间还有他的儿子迦腻色伽。

瓦苏提婆——不止一个

现在让我们把注意力重新放到年代表上。从加瓦尔和密鲁特地区的贮藏（上面讨论到的）发现的货币中，我们可以清楚地知道，瓦苏提婆继任了弗维色伽三世。而马图拉铭文也证明了相同的观点。刻着弗维色伽名字的最近的铭文时间为年号60[45]，而瓦苏提婆最早的时间是在年号64或者年号67[46]。后者的铭文时间扩展到年号98[47]。但正如前面指

---

[44] 弗利特：《印度铭文全集》第3卷，第14页，L. 8。

[45] 坎卡利蒂拉耆那教图像，现存于勒克瑙博物馆，编号J26。《印度铭文》第1卷，第386页；《印度古文物研究者》第33卷，第105页。

[46] 佛教基座铭文，现存于马图拉博物馆，编号2907。《印度铭文》第30卷，第181－184页。

[47] 坎卡利蒂拉耆那教图像。坎宁安：《坎宁安考古调查报告》第3卷，第35页；《印度古文物研究者》第33卷，第108页。

出的，他早于年号 83 时期的铭文中只有头衔“Mahārāja rajatirāja Devaputra”。而那些晚于年号 83 时期的铭文刻着附加的头衔“Ṣāhi”。这个独特的称谓表明，可能存在同名的连续继任的两位统治者。

刻着瓦苏提婆名字的货币能够证实这种可能性的存在。它们被分为两种不同的类型：（1）在材质和内容上类似于迦腻色伽和弗维色伽的货币。它们显示为——正面，国王站立在祭坛上；背面，湿婆站在南迪（公牛）前面（图 13）。这些货币做工精良，雕刻整洁；（2）相似于类型（1），但是在风格上有一点小差异，多了一个附加的特征，那就是在正面的左边区域有一个三叉戟竖直放置着（图 14）。这个特征的引入不可能毫无意义。所以，基于这两种不同的类型，巴赫霍夫早就独立出了两个瓦苏提婆，并且他们是连续继任的。㊽

铭文中头衔“Ṣāhi”的使用和货币上加上竖立的三叉戟这两个与众不同的特点说明，毫无疑问存在两个瓦苏提婆：瓦苏提婆一世的铭文一直持续到年号 83，并且没有“Ṣāhi”这个头衔，且他发行的货币没有三叉戟；而瓦苏提婆二世是币面上有竖立着三叉戟图案的货币的发行者，并且在其铭文上，有专门为他而镌刻的头衔“Ṣāhi”。这个瓦苏提婆二世的存在从年号 84 持续至年号 98（迦腻色伽或者贵霜时代）。

有另一种刻着瓦苏提婆名字类型的货币。它们在图案和内容上类似于瓦苏提婆二世的货币，但在材质和做工上截然不同。这些货币宽而薄并且是凹面的。货币正面的右边区域有一个南迪之足符号（图 15）。这里南迪之足符号的使用是在阎膏珍货币上最后一次出现之后的再次使用。在背面神像 Oeṣo（湿婆）的额头有一个月牙，该月牙通常是一个光环。正面的铭文通常有很多错误，而且字母开始逐渐无法分辨。字母“A”和“O”、“E”和“N”的区分看起来似乎不复存在了。由于这些货币大多在巴达赫尚、印度库什北部和锡斯坦被发现，因此这些货币似乎是当地货币。只有几枚货币被认为来自喀布尔地区和犍陀罗及其东

㊽ 《美国东方学会会刊》第 56 卷，1936 年，第 429 – 439 页。

部。关于这些货币是否由瓦苏提婆二世自己在其王国西部（犍陀罗西部）发行，还是被其他人模仿，这些问题都需要我们进一步调查，但这不是本书的主题。然而可以补充说明的是，类似的货币是由萨珊王朝统治者在占领了这片领土后，并自称为“Kuśānaśāh”的时候发行的。

这里还有刻着瓦苏提婆名字的第四种类型的货币。从材质来看，这类货币是瓦苏提婆二世货币的延续，同样在正面的左边区域有三叉戟竖立着，然而它们又截然不同。可以看到其上有两点创新。早期货币的圆形铭文从迦腻色伽一世起始于7点钟，而这里始于1点钟。第二个特点是，在正面右边区域和背面上靠近于神的名字的婆罗米语字母（图16）。这些特点表明这一时期存在第三个瓦苏提婆的可能性。

后瓦苏提婆统治者

犍陀罗的西部地区最有可能是在瓦苏提婆二世时败给了萨珊王朝，但是东部的贵霜王朝统治，尤其是亚穆纳恒河平原地区并没有受到任何影响，直至笈多国王的到来。在这一时期，人们从之后的文体风格的马图拉雕塑的铭文中得知最早的三位统治者的存在，这些铭文表明，他们的起源日期估计是在第二个迦腻色伽（贵霜）时代：

迦腻色伽二世年号5[49]到年号17[50]；

瓦西色伽年号22[51]到年号28[52]；

迦腻色伽三世年号3x或者年号32[53]到年号41[54]。

这三个统治者的存在也由货币加以证明。在瓦苏提婆二世的某些特定类型的货币正面印有站在祭坛前的国王，左边区域印有一个竖立的三

---

[49] 坎卡利蒂拉耆那教图像，现存于勒克瑙博物馆，编号J3。《印度铭文》第2卷，第201页；《印度古文物研究者》第33卷，第264页。

[50] 坎卡利蒂拉耆那教形象，现存于马图拉博物馆，编号3385，未发表。

[51] 桑吉佛教基座，现存于桑吉博物馆，编号A83。马歇尔：《桑吉的纪念碑》，第356页。

[52] 桑吉佛教形象，桑吉博物馆，编号A82。马歇尔：《桑吉的纪念碑》，第385页。

[53] 穆克吉：《贵霜家谱》，第77–78页。

[54] 埃罗铭文：《印度铭文全集》第1卷，第165页。

叉戟，而背面则刻着湿婆和公牛，这类货币还刻着环形铭文“ṢĀO NĀNO ṢAO KANEṢKO KOṢĀNO”（图 17）。这里值得我们注意的是，国王的名字被拼写成了“Kaneṣko”，并不是迦腻色伽一世在货币上使用的“Kaneṣkī”。除了这些差别，这些货币十分接近于我们在这里初步归属于瓦苏提婆三世的货币。同那些货币一样，这里的环形铭文也始于 1 点钟，并在正面和背面都有着单个的婆罗米语字母。如果瓦苏提婆三世是存在的，那么这些货币的发行者可能是瓦苏提婆三世的继任者，否则就是瓦苏提婆二世的继任者。他现在应该可以被称为迦腻色伽二世，因为没有关于这个目前被归于弗维色伽时期的迦腻色伽二世的更多假设。

直到几年前我们才知道了瓦西色伽的货币。这些货币被戈比从那些目前归属于瓦苏提婆的货币之中分离出来了。在这些货币上面刻着的“Bazodeo”，实际上被证实为“Bazeṣko”。他在白沙瓦博物馆发现了这样一枚货币，而另一枚在牛津阿什莫林博物馆，还有两枚则在伦敦大英博物馆。⑮ 但所有货币上的词语“Bazeṣko”都被删减了。“Bazeṣko”在北方邦的江布尔地区发现的一个贮藏中的一枚货币上才清楚地看到了它的完整形式（图 20），现这枚货币被保存在勒克瑙博物馆。与其他货币一样，这枚货币也最初归属于瓦苏提婆。⑯ 之后，穆克吉注意到了其正确的识别方式。⑰ 在材质和做工上，这些货币非常接近于迦腻色伽二世的货币，并且其正面的环形铭文同样始于 1 点钟，但背面上的图案则完全不同。从这里我们可以看到，女神阿道克狩左手拿着一个丰饶之角，右手拿着一个“pāśa”（套索），并且坐在高背宝座上（图 19 ~ 图 20）。阿道克狩是迦腻色伽一世和弗维色伽货币上的一个著名的女神，但是她看起来总是向右或者向左站立，而这种站姿在任何早期货币上都是未知

⑮ 《巴克特里亚和印度的伊朗匈奴人的文献记录》第 2 卷，第 308 页和第 312 – 313 页。

⑯ 《期刊博物馆和考古学之北方邦》第 4 期，1969 年 12 月，第 28 页，图 12。

⑰ 《印度货币学协会期刊》第 34 卷，第 31 页及其后。

的。阿道克狩坐在宝座上的图像似乎是第一次在瓦西色伽的这些货币上引入的，而从此开始，在他继任者的货币上则能够不断看到这个图像。笈多国王借用了这些货币上的图案用在自己早期的货币上。我们可将这些货币的瓦西色伽等同于伊萨布尔瑜帕以及桑吉基座铭文中的瓦西色伽，这是恰当的做法。铭文中他的名字带有头衔“Ṣāhi”和早期贵霜常用的头衔，他也可能等同于埃罗铭文的“Vajheṣka”。

知道“Vajheṣka”就是瓦西色伽之后，我们就可以顺理成章地证明，起源时间被认为是年号 41 的迦腻色伽，也即迦腻色伽三世是瓦西色伽的儿子，并且可能所有时间在第二个迦腻色伽（贵霜）时代的第四个十年的马图拉铭文都可归属于迦腻色伽三世。他在其父亲瓦西色伽的货币模式下发行了自己的货币，这些货币正面是在祭坛上的国王，左侧是竖立的三叉戟以及始于 1 点钟的环形铭文，背面是坐着的阿道克狩（图 21）。

还有一系列接近迦腻色伽三世的货币，背面是阿道克狩坐在高背宝座上，在正面保留了迦腻色伽三世的服装体系。但是它们很容易与迦腻色伽三世的货币相区别。服装上束腰外衣褶边的弧线更加夸张，国王肖像更为传统。而且这些货币上的迦腻色伽三世头发没有发髻。大多数这些货币中的环形铭文也不见了。即使曾经模糊可见，但大部分支零破碎到了难以辨认的程度。在一些罕见情况下，铭文的第一部分可能被读为“Ṣāo Nāno Ṣāo”，这实在是大错特错。学者推测这些货币铭文的结尾部分可能会是“Kaneṣko（或者‘Bazodeo’）Koṣāno”。但是这些猜想很难得到认同。人们发现这些硬币上国王左臂下面的婆罗米语文字的一个词。到目前为止，在大多数货币上这个词是“Vasu”（图 22），另一些是“Chara”或者“Chū”（图 23），以及少数印有“Maśra”（图 24）。在印有“Maśra”的货币上，正面的币文大约始于 11 点钟，并且从外面出现的。而国王左臂下有一个婆罗米语词语的这一特点，也曾在笈多王朝稍后时期的金币上发现过。国王的左臂下也存在一个词语或字母这一点，最可能的原因是笈多王朝的早期铸币采用了贵霜王朝后期货币的整个模式，借用了这些贵霜货币的做法。在笈多货币上的这个词语或者是字母，通常可以很容易地确定为代表发行它们的国王名字的初始部分。基于笈多货币，我们可能会猜想，贵霜货币上的词语也有可能是发行它们的贵霜王朝统治者名字的初始部分。因此这些货币披露了在迦腻色伽三世之后至少还存在三个其他的贵霜王朝统治者，而关于他们的其他资料很少。这些货币表明，“Maśra”是他们中的最后一个，但我们不确定其他两个“Vasu”和“Chara”继承的顺序。

在货币上有着“Vasu”名字的货币上，一些学者试图在环形铭文中找到名字“Bazodeo”，他们将货币归属于瓦苏提婆，并且确认他是瓦苏提婆二世或瓦苏提婆三世。这些学者并未意识到在婆罗米语币文中，在“va”上没有“ā”的任何中间字母标志能当作瓦苏提婆这个名字的初始部分。如果“deva”是它的一个后缀，那么只可能是Vasudeva，而绝不可能是Vāsudeva。任何印度门外汉都知道名字Vāsudeva和Vasudeva意思并不相同。这两个名字代表两种不同的人物。Vasudeva是黑天父亲的名字；黑天在他的父亲之后被叫作Vāsudeva。如果这些货币是由任何一个Vāsudeva发行的话，那么模具雕刻师不会忽略“va”中“ā”上面的中间符号。所以，尽管在环形古希腊—巴克特里亚样本上拼写为“BAZODEO”（如果确实存在的话），但这些货币不能归属任何的Vāsudeva。这个样本中并未区分“va”和“vā”。因此这枚货币属于一个名字以“Vasu”开头的人，其全名可能类似于Vasudeva、Vasumitra、Vasusena，或者Vasu本身已经是一个完整的名字。

对于研究贵霜王朝历史和货币学的学者而言，刻着名字“Maśra”的货币都很陌生。而这些货币因为最近发现的晚期贵霜金币的琼丘努贮藏才出现在公众的视线中。[58] 除在这个贮藏中货币的发现之外，我已经找到另外两个范例，一个是在贝拿勒斯印度大学的艺术与考古博物馆的巴哈拉特卡拉美术馆，另一个是在勒克瑙的州立博物馆。它们仍未被公开发表过。这些货币不同于其他所有的贵霜货币。货币上的国王左手拿

[58] 《货币文摘》第5卷，第34页。

着一个金轮（轮子）—顶旗，代替了通常的三叉戟（图24）。贵霜王朝统治者手中的金轮—顶旗让我们想到笈多王朝的卡查笈多著名金轮经幢类型货币（图25）。在其上，国王的左手也是这样拿着金轮（轮子）—顶旗。这两枚属于不同朝代统治者的货币之间有着惊人的相似之处，这毫无疑问表明，两个统治者的统治时间很近，而且卡查笈多借用了“Maśra”货币。这最终说明，“Maśra”也许是最后的贵霜王朝统治者，而他和笈多王朝的早期统治者卡查笈多统治时间十分接近。

贵霜王朝的衰落

贵霜王朝在亚穆纳恒河平原地区的衰落，被人们粗略地认为是出于游得希亚人或者是娜迦人的原因。[59] 但是在这个区域，游得希亚人几乎没有留下任何已知的痕迹。到目前为止，这里从未发现过游得希亚货币，娜迦人的货币零星地散落在各地。这不能成为他们在这个地区曾经存在的证据。无论如何，贵霜王朝的衰败和笈多王朝的崛起之间存在超过一个世纪的巨大空白。而历史学家跳过了这段时间，迄今为止尚没有人尝试去解释这个空白或者填满这段历史空白。

在查看了我们上述所讨论的内容之后，关于在这个地区的货币贮藏发现的研究照亮了这段被人们忽视的历史。它们被划分为明确的两组，其中一组的发现地包括贵霜王朝统治之下东部的全部区域。它们仅仅涵盖了早期的贵霜王朝统治者，即阎膏珍、迦腻色伽一世、弗维色伽二世和弗维色伽三世的货币，而其中的大多数都缺少瓦苏提婆的货币，只有在极少数情况下我们才会发现这些货币。另一组则仅仅包含了瓦苏提婆及其继任者的货币。弗维色伽的货币也有和它们一起出现的情况，但很罕见。后一组的发掘现场大多是在马图拉和其周围地区。这些发现表明，到瓦苏提婆时期，贵霜王朝的东部领土已经大大缩小了。但从瓦苏提婆直到笈多家族崛起这段时期，他们仍控制着马图拉及其周边地区，他们被消灭的时间不会更早。

1915年在希萨尔（哈里亚纳邦）地区的马塔萨尔村发现了一个有

---

[59] 阿尔特卡尔和马宗达：《笈多—伐卡陀迦时代》，第28页，第37－38页。

着86枚货币的大贮藏。货币被保存在一个瓦器中，是在人们耕作时被发现的。在法律明文规定政府保留宝藏中的发现物之前，其中的26枚货币已经被人为熔掉了。只有60枚货币存放于官方场所。这60枚中的33枚货币和沙摩陀罗笈多有关（根据时间来判断，实际上有29枚货币和沙摩陀罗笈多有关，其余4枚货币则和卡查笈多有关）。其余27枚货币被确定为发行于贵霜王朝后期。[60] 直到最近还发现了一个关于这个贮藏的其他信息，即这个贮藏还包含一个沙摩陀罗笈多货币的战斧类稀有品种——货币上的他面向右侧。这枚罕见的货币是被独家发表在一篇报告上的。[61] 阿尔特卡尔曾提到过这枚货币，[62] 之后，当我浏览拉合尔中央博物馆的年度报告时，我从1915—1916年的报告中得知了怀特海德曾经检查过这个贮藏，并且他写了一个简短的笔记。根据他的笔记，在这个贮藏中有一些值得注意的货币：（1）1枚非常好的沙摩陀罗笈多战斧类型的货币，同类型的货币样品之前只发现过一个（在上面笔记提到的发现中曾提到过相同的货币）。（2）1枚马祭类型的沙摩陀罗笈多货币。（3）卡查的4枚货币。怀特海德没有对其他的沙摩陀罗笈多货币进行说明，并且他也并未提及那些认为是贵霜王朝晚期的货币。这个博物馆随后年份的报告，即1916—1917年的报告中揭示了这个贮藏中的20枚货币是被博物馆收购的。在拉合尔博物馆存放的20枚货币当中，有11枚货币属于笈多王朝，而其他的9枚货币则属于贵霜王朝晚期，其中沙摩陀罗笈多的7枚货币和所有被归属于晚期贵霜王朝的9枚货币在报告中的两个板块有插图，但是没有任何详细描述和具体细节。然而，这些板块能够帮助我们了解存放于拉合尔博物馆的货币。在博物馆的报告中被归属于晚期贵霜王朝的9枚货币的插图表明，该贮藏包括了瓦苏提婆二世、迦腻色伽二世和迦腻色伽三世、瓦苏和查拉的货币。此外还有萨卡的货币。在正面和背面的图案上，萨卡货币和迦腻色伽三世

---

[60] 《印度考古调查年度报告》，1915—1916年，第19页。

[61] 《印度考古调查年度报告》，1916—1917年，第233－234页。

[62] 《笈多帝国的货币制度》，第309页。

的货币一样，在背面刻有阿道克狩，但是环形古希腊—巴克特里亚铭文被草书的贵霜—巴克特里亚样本代替。这些在贵霜—萨珊货币上也可以看到。表面上这些草书样本看起来像“0000”的重复，正因如此，坎宁安认为这难以辨认。[63] 在这些货币的正面，在国王拿着的三叉戟的外侧发现了一个词语“Saka”，人们认为这个词语是一个部落的名称。在中心区域，即在国王的手臂下是名字“Mī”。除了马塔萨尔贮藏，还有两个在北方邦地区的小贮藏也发现了和笈多货币一起出现的萨卡货币。[64] 它们表明，萨卡人和笈多王朝是存在于同一时期的。并且，是在笈多王朝边界的某个地方，最有可能是在哈里亚纳邦和旁遮普地区。这些萨卡人和在布兰迪巴格支柱铭文中与贵霜一起提到的萨卡—穆伦达是一样的。

另一个晚期贵霜王朝的金币贮藏，是1937年在拉贾斯坦邦地区的琼丘努发现的。[65] 我们尚不清楚这个贮藏具体的内容，但是它包括了萨卡货币和马塔萨尔贮藏中出现的所有统治者的货币。它也让我们认识到了一个未知的名为“Maśra”的晚期贵霜王朝统治者。这个贮藏里没有笈多货币，但是正如前述所指出的，“Maśra”的货币和笈多王朝的卡查笈多货币十分接近。

当我们将马塔萨尔和琼丘努贮藏相结合，便能充分且清楚地知道，晚期贵霜王朝统治者与笈多家族密切相关，且在马图拉以及周边的地区的贵霜王朝和笈多王朝之间的历史都没有空隙。贮藏所包含的时间点的一端有瓦苏提婆货币，而另一端有沙摩陀罗笈多和卡查笈多的货币。在这之间，有一条七位或者八位统治者的完整的即位链——瓦苏提婆二世（瓦苏提婆三世）、迦腻色伽二世、瓦西色伽、迦腻色伽三世、瓦苏、查拉和玛斯拉。

迦腻色伽（贵霜）时代

基于以上货币和币文的发现，我们将重塑贵霜王朝的历史。这为我

---

[63] 《晚期印度斯基泰人》，1962年重印，第28页。

[64] 斯利瓦斯塔瓦：《北方邦的货币贮藏》，条目7和条目1130。

[65] 《货币文摘》第5卷，第2节，第25页及其后。

们重新审视迦腻色伽（贵霜）时代从何时开始这个争论不休的问题提供了契机。

从贵霜王朝历史的研究开始之初，人们就普遍认为，迦腻色伽是公元 78 年的萨卡时代的创始者。这个时代最早是印度西萨特拉普王朝从公元 2 世纪使用到公元 4 世纪。但是最早使用时代本身名字的碑文记录，是在巴达米附近发现的卡鲁克亚斯铭文。这个时代的名字只流行于南印度，极少在北印度的铭文中使用，而且开始使用时间也很晚。我们尚缺乏有力的证据将这个时代与只在北印度统治的某个王朝联系起来。此外，从他们的种族来看，贵霜人绝不可能是萨卡人。如果确实如此，那么我们有理由将迦腻色伽和这个时代联系起来。如果贵霜王朝对西萨特拉普王朝存在任何形式的霸权，那么这也是将迦腻色伽和这个时代联系起来的理由，但是我们还没有这个方面的证据。在缺乏上述证据的情况下，唯一能够一直将公元 78 年和贵霜王朝联系起来的观点是，迦腻色伽是唯一的外来统治者，而且他确实开启了一个时代。然而，无论支持这个起始时间的观点是什么，人们总是忽略了一个基本事实：该时间使得亚穆纳恒河平原地区的贵霜王朝和笈多王朝之间留下超过一个半世纪的空白。这当然不是一个无政府的时期，在这段时期内没有行政管理权力是不可思议的。除政治空白之外，这个时间也给古文字学家和艺术鉴赏家带来问题。从出现在晚期贵霜王朝和早期笈多王朝时期的铭文中的婆罗米语字母里，古文字学家看不到任何显著的差别。这一时期的马图拉雕塑和这种状况也一样。在马图拉的坎卡利蒂拉小镇发现了和两个王朝时期有关的雕塑。同样，将这两个时期的雕塑并排放在一起看的话，他们将有着很多共同的风格特征。至于在古文字学和艺术方面，难以想象他们在超过一个世纪的时间里处于不活跃状态，没有发展。古文字学和艺术在晚期贵霜王朝和早期笈多王朝之间如此相近，使我们几乎可以肯定在贵霜王朝和笈多王朝之间没有任何明显的时间间隔。这应该足以反驳可能赞成公元 78 年作为迦腻色伽（贵霜）时代开端的所有观点。

近年来，那些意识到公元 78 年是迦腻色伽（贵霜）时代新纪元的说法是谬论的学者们，又提出了新的起始日期，即公元 2 世纪。斯腾·库努夫[66]和万·维克[67]也提出了他们设想的日期，即公元 128 年。罗曼格希什曼理论上认为，迦腻色伽就任大约是在公元 144 年。[68] 纳拉因[69]将这个统治时期分配在公元 103 年和公元 125 年之间，而约翰·M. 罗森菲尔德[70]认为迦腻色伽开始于公元 110 年和公元 115 年之间的某个时间。其中一些学者所提出的起源时间的观点有自己的优点，值得我们考虑，但这些观点并没有指引作用。它们缺乏一个能够向前追溯或往后推衍从而得到最终站得住脚的结论的支点。

这一支点可能被确定为公元 319 年，即笈多王朝时代开始的时间。也许我们能从这个确定的时间点向前追溯，从而确定迦腻色伽统治开始的日期。首先，我们应该关注一下沙摩陀罗笈多这个早期笈多王朝统治者的布兰迪巴格支柱铭文。在这个铭文上刻着一个友好邻国的语境下的短语“Daivaputra Ṣāhi Ṣāhānuṣāhi”。这个短语和我们在瓦苏提婆二世及其继承者的铭文中找到的“Mahārāja rajatirāja Devaputra Ṣāhi”是一样的。毋庸置疑，在布兰迪巴格支柱铭文中的短语意思是晚期贵霜王朝的当代统治者，而他们那时在马图拉。当我们将货币学和碑文的证据相结合，就能很清楚地得知，贵霜王朝作为一个友好邻国存在于马图拉地区直到沙摩陀罗笈多时期。

接下来是一个在马图拉发现的旃陀罗笈多二世的铭文，源于笈多王朝 61 年且统治者年号 5 的时期。[71] 这是在马图拉最早发现的笈多铭文，

---

[66] 《阿克塔古代东方学研究》第 3 卷，1924 年，第 52 – 91 页。

[67] 《阿克塔古代东方学研究》第 5 卷，1927 年，第 168 – 170 页。

[68] 《亚洲集刊》，1943—1945 年，第 59 – 71 页；贝格拉姆：《法国考古队在阿富汗的回忆录》第 12 卷，开罗，1946 年；《世界历史的象征》第 3 卷，1957 年，第 689 – 721 页。

[69] 《迦腻色伽时卷的研究》，第 221 页。

[70] 《贵霜王朝的艺术》，第 257 – 258 页，伯克利和洛杉矶，1967 年。

[71] 《印度铭文》第 21 卷，第 190 页；《印度历史季刊》第 18 卷，第 171 页。

该铭文的内容明确表明马图拉被笈多王朝占领的时间是在公元380年。

结合这两个铭文，我们可以推断，贵霜王朝统治在马图拉终止的时间只会发生在比公元380年，即比马图拉铭文出现的时期稍早一点的时间里。这不会有很大误差，如果我们假设它可能发生在大约公元370年，那么这个时间将会是贵霜王朝历史的一个支点。如果迦腻色伽统治的开始从这一个定点向后来看，那么它比起迄今为止假设的任何时间都将更接近准确时间。

我们几乎可以肯定，瓦苏提婆二世统治在大约迦腻色伽（贵霜）时代100年的时候终止了。在这100年中存在五个统治者——迦腻色伽一世、弗维色伽二世和弗维色伽三世，以及瓦苏提婆一世和瓦苏提婆二世。这段时间大概为这每一位统治者的统治时期为二十年。如果按照这个比起印度王朝统治者平均统治时间还要偏高的平均统治时间来计算，如果算上苏提婆二世之后统治者的统治时间将有120年。而这个计算将把贵霜王朝在东部统治的终止时间置于大约迦腻色伽（贵霜）时代220年。这个和之前根据笈多铭文计算的大约公元370年是相同的。因此，我们把迦腻色伽统治的开始时间定在大约公元150年。

公元150年这个时间与公元144年十分接近。而公元144年是我在1960年于伦敦举行的迦腻色伽的起源时间讨论会议上提出的。[72] 那时，基于存在于后孔雀王朝和前贵霜王朝时期之间的印度北部当地统治者的铸币史研究，我得出了这样的结论。我在由美国印度研究所在德里组织举办的马图拉文化会议上再次回顾了这个日期，[73] 研究基础一样，尽管处理方式有所不同，但结果仍然相同。

我所提出的公元144年和公元150年都不是精确的或绝对的，尽管这两个日期比先前提出的任何日期都基于可靠的基础且假想性都更少，如果这两个日期也存在误差，它的误差也将是最小的，而且与其他学者

---

[72] 《迦腻色伽时期的研究》，第119页；《迦腻色伽时期的研究》，第55页及其后。

[73] 《马图拉：文化遗产》，斯里尼瓦桑编，第132－135页，新德里，1989年；《马图拉：文化遗产》，第144页及其后。

提出的迦腻色伽（贵霜）时代的时间相距也不是太远。如果我们能重新评估以往大部分学者就这个问题提出的观点，我认为他们的观点与我提出的时间更加吻合。

参考文献

Acharya, P., Ancient Coins from Mayrubhanj, In *J. N. S. I.*, II, pp. 125-26.

Allan, J., *Catalogue of Indian Coins in the British Museum*, *Ancient India*, London, 1936.

Alteker, A. S., *Coinage of the Gupta Empire*, Varanasi, 1957.

——, New Kings and Interesting Coin-types of Kausambi. In *J. N. S. I.*, II, pp. 1-16.

——, A Unique, Kuṣāṇa-Roman Gold coin of King Dharmadamadhusa (?). In *J. N. S. I.*, XII, pp. 1-4.

——, Coins of Kumrahar and Bulandibagh Excavations. In *J. N. S. I.*, XIII, pp. 143-44.

——, A Golden Amulet imitating a gold coin of Huviṣka. In *J. N. S. I.*, XX, pp. 1-3.

——, Buxar Hoard of Kuṣāṇa Coins. In *J. N. S. I.*, XXX, pp. 21-23.

——, *Kumrahar Excavations*: 1951-55, Patna.

Altekar, A. S. and Majumdar, R. C., *The Vakataka-Gupta Age*, Reprint, Varanasi, 1954.

Ancient India, Archaeological Survey of India.

Annotated Bibliography of Central Soviet Archaeology and Kuṣāṇa Culture, Dashambe, 1968.

Annual Report of the Mysore Archaeological Department.

Arvamuthan, T. G., *Venecian Coins in the Government Museum*, Madras.

Bachhofer, L., Herrscher und Munzen der Spaten Kuṣāṇas. In *J. A. O. S.*, LVI, pp. 429 – 39.

Banerji, A., Ancient and Medeival Coins of Orissa. In *J. N. S. I*, IX, pp. 105 – 10.

——, Eastern Expansion of the Ku ṣ āṇa Empire. In *I. H. Q.*, XVIII, pp. 294 – 303.

——, Kuṣāṇas in Eastern India. In *J. N. S. I.*, VIII, pp. 107 – 09.

Banerji, R. D., *History of Orissa.*

——, New Brahmi Inscriptions of the Scythian Period. In *E. I.*, X, 106 – 21.

——, Notes on Indo-Schythan Coinage. In *J. A. S. B.*, IV, 1908, pp. 81 – 93.

Basham, A. L., *Papers on the Date of Kaniṣka*, Leiden, 1968.

——, The Succession of the Line of Kaniṣka, In *B. S. O. A. S.*, XX, pp. 77 – 88.

Behra, K. S., On a Kuṣāṇa Coin from Orissa. In *J. N. S. I.*, XXXVII, pp. 67 – 72.

Behra, S. C., A Find of Puri-Kuṣāṇa Coins in Bhillingi. In *J. N. S. I.*, XXXII, pp. 23 – 34.

Blotch, T., Two Inscriptions on Buddhist Images. In *E. I.*, VIII, pp. 161ff.

Buddhist Antiquities of Nāgārjunikoṇḍā.

Buhler, G., Further Jain Inscriptions from Mathura. In *E. I.*, p. 206.

——, Further Votive Inscriptions of Sanchi. In *E. I.*, II, pp. 269ff.

——, New Jain Inscriptions from Mathura. In *E. I.*, I, pp. 286ff.

Chattopadhyay, B., *The Age of the Kuṣāṇas*, Calcutta, 1967.

Chaudhury, R. K., Gold Coins and Gold Image from Sultanganj. In *I. N. C.*, Ⅱ, pp. 81–83.

Cunningham, A., *Coins of Indo-Schythic*, *Śakas and Kuṣāṇas*, Reprint, Varanasi, 1971.

——, Kaṅkali Ṭilā Jain Image. In *C. A. S. R.*, Ⅲ, p. 35

——, *Mahabodhi.*

Dar, M. B. L., Some Rare Pañcāla Coins from the Site of Ahichchhatra. In *J. N. S. I.*, Ⅱ, pp. 115ff.

Deo, S. B. & Gupte, R. S. *Excavations at Bhokardan* 1973, Nagpur, 1974.

Explorations at Karad.

Fleet, J. F., *Corpus Inscriptionum Indiacarum*, Ⅲ.

Ganguly, D. K., The Imperial Kuṣāṇa Coins and their Imitations in Orissa. In *J. N. S. I.*, XXⅧ, pp. 6–11.

Ghirshman, R., *Begram*, *Reserches Archaeogique et historique sur les Kouchens*, Memoires de la delegation Archaelogique Francaise en Afghanistan, Cairo, 1948.

Göbl, R., *Munzprägung des Kušānreiches*, Wein, 1981.

Goswami, K. G., Kosam Inscription of the reign of Kaniṣka, of the year 2. In *E. I.*, XXIV, p. 211.

Gupta, P. L., Eastern Expansion of the Kuṣāṇa Empire. In *I. H. Q.*, XXIX, pp. 205–22.

——, Date of Kuṣāṇa Currency in Eastern India. In *J. N. S. I.*, XV, pp. 185–92.

——, A Kausambi Copper Coin of Indradeva. In *J. N. S. I.*, XXI, pp. 64–67.

——, Gold Amulet and Kuṣāṇa History. In *J. N. S. I.*, XXI, pp. 188–93.

——, A Kuṣāṇa Coin with Brahmi Legend. In *J. N. S. I.*, XXXV, pp.

123 -25.

——, Kuṣāṇa-Muruṇḍa Rule in Eastern India. In *J. N. S. I.*, XXXVI, pp. 25 -53.

——, A Coin Hoard from Kausambi. In *J. N. S. I.*, XXXVIII, pp. 46 -57.

——, British Museum Romano - Kuṣāṇa Medallion: Its Nature and Importance. In *J. N. S. I.*, XXXVIII, ii, pp. 73 -81.

——, The Coinage of the Local Kings of Northern India and the Date of Kaniska. In *Papers on the Date of Kaniṣka*, Leiden, 1968, pp. 114 -20.

——, *The Imperial Guptas*, Varanasi, 1971.

——, Chronology of the Post-Kuṣāṇa Rulers and the Allied Tribes. In *K. P. Jayaswal Commemoration Volume*, Patna 1981, pp. 291 -99.

——, Early Coins of Mathura Region. In *Mathura: The Cultural Heritage*, New Delhi, 1989, pp. 130 -38.

——, Kuṣāṇas in the Yamuno-Gangetic Region: Chronology and Date. In *Annali*, Instituto UniveTsitario Orientale, Naples Italy, 45, pp. 199 -222.

Haig, T. W. & Dodwell, H. H., *Cambridge History of India*, I Cambridge, 1934.

Jain, B. C., Kuṣāṇa Coins from Madhya Pradesh. In *J. N. S. I.*, XVII, p. 109.

——, A Hoard of 757 Kuṣāṇa Copper Coins from Sahdol District of Madhya Pradesh. In *J. N. S. I.*, XXVII, pp. 128 -29.

——, Kuṣāṇa Coins from Sahdol District. In *J. N. S. I.*, XXVIII, pp. 1 -5.

Konow, S., *Corpus Inscriptionum Indicarum*, I.

——, Ārā (Kharoṣthi) Inscription. In *E. I.*, XIV, pp. 130 -43.

——, Mathura Brahmi Inscription of the Year 28, XXI, pp. 55 - 58.

Kulshreshtha, S., Coins of Vāśiṣka - Historical Implications. In *N. D.*, X, pp. 70 -80.

——, Quarter - Stater of Kaniṣka. In *N. D.*, VII, ii, pp. 23 -24; IX, pp.

46 – 51.

Levi, S. , Notes on Indo-Scythians. In *I. A.* , XXXII , pp. 380 – 82.

Lohuizen de Leeu, J. V. Van, *The Sythian Period.* Leiden, 1949.

Luders, H. , The Early Brahmi Inscription. In *E. I.* , II , pp. 101 – 09.

——, Epigraphic Notes. In *I. A.* , XXXII , pp. 33 – 41; 101 – 09.

MacDowall, D. W. , The Weight Standard of the Gold and Copper Coins of the Kuṣāṇa Dynasty from Vima Kadphises to Vāsudeva. In *J. N. S. I.* , XXIV , pp. 71 – 75.

Maity, S. K. , The Gold Contents of the Kuṣāṇa, the Kuṣāṇa Chiefs and the Sassanian Gold Coins from the Indian Museum, Calcutta. In *J. N. S. I.* , XX , pp. 162 – 71.

Majumdar, R. C. , *Ancient India.*

Marshall, J. , *The Monuments of Sanchi*, Calcutta, 1940.

Misra, Y. & Roy, S. R. , *Guide to Vaisali and Vaisali Museum*, Patna, 1969.

Mukherji, B. N. , A Gold Coin of Bazeṣka. In *J. N. S. I.* , XXXIV , pp, 31 – 35.

——, An Interesting Coin from Sonkh, Mathura. In *A. S. M. B.* , II , 8 p. 6.

——, *The Kuṣāṇa Geneology*, Calcutta, 1957.

——, *The Kuṣāṇas and the Deccan*, Calcutta, 1968.

Narain, A. K. , Numismatic Evidence and Historical Writings. In *J. N. S. I.* , XVIII, ii, pp. 157 – 63.

——, A Unique Gold and Two Silver Coins of Huviṣka. In *J. N. S. I.* , XXVI , pp. 97 – 101.

——, Coin Hoards from Bihar. In *I. N. C.* , VIII, pp. 45 – 110.

Prasad, H. K. , Coin Hoards from Orissa, In *I. N. C.* , VI , pp. 63 – 71.

Pokharna, P. , A Hoard of Gold Coins from Rajasthan. In *J. N. S. I.* , XXXIX , p. 160.

——, Later Kuṣāṇa Coins from Rajasthan. In *N. D.* , V. ii, pp. 25 –35.

Puri, K. N. , *Exacavations at Rairh, 1939 –40*, Jaipur.

Ramchandran, T. N. , Find of Puri – Kuṣāṇa or Oriya – Kuṣāṇa coins from Sitabhanji. In *J. N. S. I.* , Ⅷ, pp. 69 –72.

Rhys Davids, *Buddhist India*, Calcutta, 1957.

Rockhill, W. A. , *The Life of Buddha.*

Rosenfield, J. M. , *The Dynastic Arts of the Kuṣāṇas*, Los Angles, 1967.

Sahni, D. R. , Mathura Pedestal Inscription of the Kaniṣka Year 14. In *E. I.* , XIX, pp. 96 –97.

——, Seven Stone Inscriptions from Mathura. In *E. I.* , XIX, pp. 65 –69.

——, Three Mathura Inscriptions and on their bearing on the Kuṣāṇa Dynasty. In *J. R. A. S.* , 1924, pp. 399 –406.

Sankalia, H. D. , *Excavations at Brahmapuri*, Pune, Sharma, G. R. , *Reh Inscription of Menander and the Indo – Greek Invasion of the Ganga Valley*, Allahabad, 1984.

Sinha, B. P. & Roy. , S. R. , Vaisali Excavations, 1951 –62, Patna, 1969.

Sircar, D. C. , *Select Inscriptions. Bearing on Indian History and Civilisation*, I, Calcutta, 1942, 1960.

Singh, S. P. , Numismatic Evidence of Kuṣāṇa – Muruṇḍa Rule in Eastern India. In *J. N. S. I.* , XXXV, pp. 127 –41.

Smith, V. A. , *Catalogue of Coins in the Indian Museum*, I, Oxford, 1906.

Sohoni, S. V. , Finds at Sultanganj. In *I. N. C.* , I, p. 86.

Srinivasan, D. W. , *Mathura: the Cultural Heritage*, New Delhi, 1984.

Srivastava, A. K. , Find Spots of Kuṣāṇa Coins in U. P. In *B. M. A. U. P.* , 8, p. 81.

——, A Hoard of Kuṣāṇa Coins from Jaunpur District. In *B. M. A. U. P.* , No. 4, pp. 27 –30.

——, Kuṣāṇa Coins from Barabanki. In *J. N. S. I.* , XXXI, pp. 15 –21.

——, Kuṣāṇa Coins from Garhwal. In *J. N. S. I.*, XXXVII, pp. 72–73.

Srivastava, C. S., Coin Hoards of Treasure Trove Coins from U. P. In *B. M. A. U. P.*, 8, pp. 48–67.

Stein, A., *Kalhaṇa's Rājataraṅginī.*

Tarn, W. W., *Greeks in Bactria and India.*

Thomas, F. W., Notes on Scythic Period. In *J. R. A. S.*, 1952, pp. 116ff.

——, *Tibetan Literary Texts and Documents concerning Chinese Turkistan*, London, 1935.

Verma, T. P., A Note on the Reh Inscription, In *Raṅgavalī*, *Recent Researches in Indology*, Bombay 1981, pp. 77–80.

——, A Quarter Stater of Kaniṣka. In *J. N. S. I.*, XLV, pp. 36–37.

Vogel, Ph. J., The Sacrificial Post of Isapur. In *A. S. I.*, *A. R.*, 1911–12, pp. 122ff.

Wakankar, V. S., Graceo-Roman Bullae from Ujjain. In *J. N. S. I.*, XXXII, pp. 211–14.

Whitehead, R. B., *Catalogue of Coins in the Punjab Museum*, *I*, *Lahore*, I, Oxford, 1914.

Wilson, H. H., *Ariana Antiqua*, London, 1841.

图　目

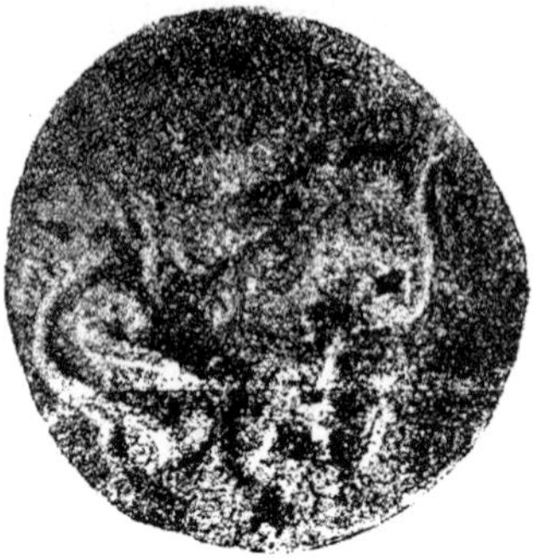
图1（a）

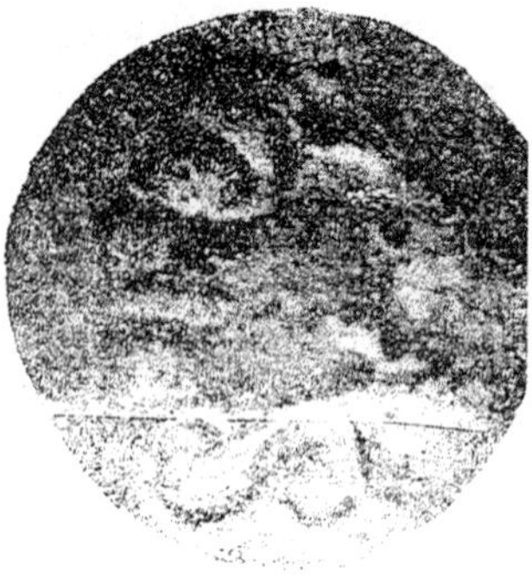
图1（b）

图2（a）

图2（b）

图3

图4

图5

图6

图7

图8

图9

图10

图11

图12

图13（a）

图13（b）

图 14（a）

图 14（b）

图 15（a）

图 15（b）

图 16（a）

图 16（b）

图 17（a）

图 17（b）

图 18（a）

图 18（b）

图 18（c）

图 18（d）

图 19（a）

图 19（b）

图 20（a）

图 20（b）

图 21（a）

图 21（b）

图 22（a）

图 22（b）

图 23（a）

图 23（b）

图 24（a）

图 24（b）

图 25（a）

图 25（b）

图 26（a）

图 26（b）

图 27（a）

图 27（b）

图 28（a）

图 28（b）

图 29（a）

图 29（b）

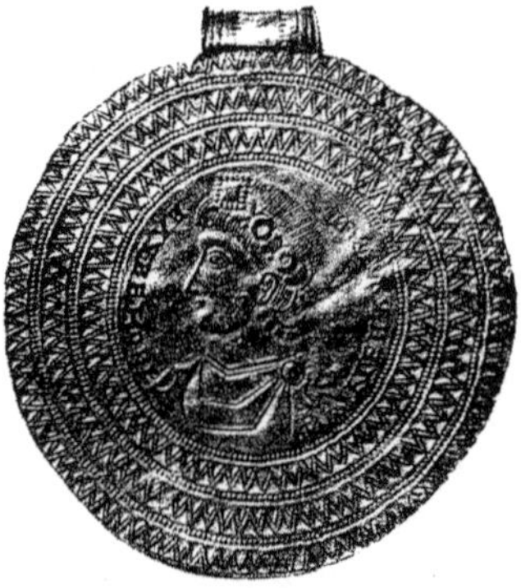
图 30

图 31

译者附录

一、贵霜王朝统治者列表

统治者	拉丁文	在位时间	注释
丘就却	Kuzūla Kadphises	公元 30—80 年	统一了月氏，成为首位贵霜统治者
阎膏珍	Vima Kadphises	公元 95—127 年	丘就却的孙子，迦腻色伽一世的父亲
迦腻色伽一世	Kaniṣka Ⅰ	公元 127—140 年	贵霜王朝第四任国王， 统治几乎整个印度北部
弗维色伽	Huviṣka	公元 140—180 年	迦腻色伽一世的儿子
瓦苏提婆一世	Vāsudeva Ⅰ	公元 191—232 年	继任弗维色伽
迦腻色伽二世	Kaniṣka Ⅱ	公元 225—245 年	继任瓦苏提婆一世
瓦西色伽	Vaśiṣka	公元 247—265 年	
迦腻色伽三世	Kaniṣka Ⅲ	公元 268 年前后	被认为是继任了瓦西色伽
瓦苏提婆二世	Vāsudeva Ⅱ	公元 275—300 年	可能是迦腻色伽三世的继任者
瓦苏提婆三世	Vāsudeva Ⅲ	不详	可能是瓦苏提婆二世的儿子

二、货币专业名词对照表

达克特	Ducat	从中世纪晚期一直到 20 世纪在欧洲作为贸易货币使用的一种金币或银币
加贾帕提帕戈达	Gajapati pagoda	是一种货币单位，由印度朝代和英国、法国及荷兰铸造的金币或半金币制成

续表

“戳印”币	Punch—marked coins	印度早期货币的一种，可追溯到公元前6世纪至公元前2世纪，形状不规则
四德拉克马	Tetradrachm	是一种古希腊银币，相当于四枚德拉克马
四分之一金标币	Quarter – Stater	也叫“期达特”金币，希腊各地区使用的一种古代钱币
苏勒德斯	Solidus	罗马后期金币，极其珍贵的硬币，通常不允许交易或交换，可能曾用于进行大型交易，如购买土地或成船的货物

三、书名、文献名对照表

中文	原文	注释
《全印度东方研讨会记录》	*Proceedings, All – India Oriental Conference*	期刊名
《迦腻色伽第14年的马图拉基座铭文》	Mathura Pedestal Inscription of the Kaniṣka year 14	文章名
《阿克塔古代东方学研究》	*Acta Orientalia*	期刊名
《艾尔亚纳印度史》	*Ariana Indica*	书名
《安得拉邦的罗马货币》	*Roman Coins from Andhra Pradesh*	书名
《奥地利科学协会期刊》	*Osterreichische Akademie der Wissenschaftern Kommissionverlag*	期刊名
《奥里萨邦历史研究期刊》	*Orissa Historical Research Journal*	期刊名
《巴克特里亚和印度的伊朗匈奴人的文献记录》	*Dokumente zur Geschichte der Iranischen Hunnen in Baktrien und Inden*	书名
《巴扎什科的金币》	A Gold Coin of Bazeshko	文章名
《班达伽东方研究所史册》	*Annals of Bhandarkar Oriental Research Institute*	书名
《北方邦历史学会期刊》	*Journal of U. P. Historical Society*	期刊名
《比哈尔邦和奥里萨邦研究学会期刊》	*Journal of Bihar & Orissa Research Society*	期刊名
《编年史》	*Annali*	书名
《博卡尔丹发掘》	*Excavations at Bhokardan*	书名
《布拉玛朴里发掘》	*Excavations at Brahmapuri*	书名

续表

中文	原文	注释
《从阎膏珍到瓦苏提婆的贵霜王朝金币和铜币铸币重量标准》	The Weight Standards of the Gold and Copper Coinages of the Kuṣāṇa Dynasty from Vima – Kadphises to Vasudeva	文章名
《呾叉始罗》	*Taxila*	书名
《大英博物馆货币目录之古印度》	*British Museum Catalogue of Coins, Ancient India*	书名
《带有婆罗米文铭文的一枚贵霜货币》	A Kuṣāṇa Coin with Brāhmī Legend	文章名
《帝国笈多王朝》	*The Imperial Guptas*	书名
《东方和西方》	*East and West*	书名
《东洋与非洲学院通报研究期刊》	*Bulletin of the School of Oriental & African Studies*	期刊名
《东印度的贵霜—穆伦达统治》	Kuṣāṇa – Murunda Rule in Eastern India	文章名
《伐卡陀迦—笈多时代》	*The Vākāṭaka – Gupta Age*	书名
《法国考古队在阿富汗的回忆录》	*Mémoires de la Delegation Archéologique Francaise en Afghanistan*	书名
《佛教图像上的两处铭文》	Two Inscriptions on Buddhist Images	文章名
《佛教印度》	*Buddhist India*	书名
《佛陀的一生》	*The Life of Buddha*	书名
《弗维色伽的马图拉石头铭文——萨卡 28 年》	Mathura Stone Inscription of Huviṣka—Śaka year 28	文章名
《弗维色伽的一枚独特金币和两枚银币》	A Unique Gold and Two Silver coin of Huviṣka	文章名
《古印度》	*Ancient India*	书名
《古印度的“戳印记号”钱币》	Punch Marked Coins of Ancient Indian	文章名
《古印度地理》	*Ancient Geography of India*	书名
《关于中国突厥斯坦的藏族文字学文本和文件》	*Tibetan Literary Texts and Documents concerning Chinese Turkistan*	书名
《贵霜的含金量，贵霜首领和来自印度博物馆的萨珊王朝金币》	The Gold Content of the Kuṣāṇa, Kuṣāṇa chiefs and the Sassanian Gold Coins from the Indian Museum	文章名

续表

中文	原文	注释
《贵霜帝国的东部扩张》	Eastern Expansion of the Kuṣāṇa Empire	文章名
《贵霜家谱》	*The Kuṣāṇa Genealogy*	书名
《贵霜人和德干》	*The Kuṣāṇas and the Deccan*	书名
《贵霜时代》	*The Age of the Kuṣāṇas*	书名
《贵霜王朝的造币》	*Munzaprägung des Kušānreiches*	书名
《贵霜王朝艺术》	*Dynastic Arts of the Kuṣāṇas*	书名
《贵霜文化》	*Kuṣāṇa Culture*	书名
《贵霜文明和世界文化》	*Kuṣāṇa Civilization and World Culture*	书名
《贵霜与德干》	*The Kuṣāṇas and the Deccan*	书名
《贵霜宗谱》	*The Kuṣāṇa Genealogy*	书名
《国际钱币学大会汇报》	*Transactions of the International Numismatic Congress*	书名
《红海周航记》	*Periplus of the Erythrean Sea*	书名
《皇家亚洲学报》	*Journal of Royal Asiatic Society*	期刊名
《货币文摘》	*Numismatic Digest*	期刊名
《笈多帝国的货币制度》	*The Coinage of the Gupta Empire*	书名
《笈多—伐卡陀迦时代》	*Gupta – Vikataka Age*	书名
《迦腻色伽的继承者》	The Succession of the Line of Kaniṣka	文章名
《迦腻色伽的四分之一金标币》	A Quarter Stater of Kaniṣka	文章名
《迦腻色伽二世的埃罗佉卢文铭文》	Ārā Kharoṣṭhī Inscription of Kaniṣka Ⅱ	文章名
《迦腻色伽时期的研究》	*Papers on the Date of Kaniṣka*	书名
《贾亚斯瓦尔研究所的年度报告》	Annual Report of K. P. Jayaswal Research Institute	文章名
《戒日王传》	*Harṣacarita*	戒日王宫廷文人波那于公元7世纪撰写的历史传记小说
《精选铭文》	*Select Inscriptions*	书名
《卡拉德勘探》	*Explorations at Karād*	书名

续表

中文	原文	注释
《坎宁安考古调查报告》	*Cunningham, Archaeological Survey Report*	书名
《考古部门报告》	*Report of the Archaeological Department*	书名
《科珊人的考古和历史研究》	*Researches archeologiques et historique sur les Kochans*	书名
《库姆拉哈尔挖掘》	*Kumrahar Excavations*	书名
《来自巴拉班基地区的贵霜金币》	Kuṣāṇa Gold Coins from Barabanki District	文章名
《来自江布尔地区的贵霜货币贮藏》	A Hoard of Kuṣāṇa Coins from Jaunpur district	文章名
《来自拉贾斯坦邦的贵霜金币贮藏》	A Hoard of Kuṣāṇa Gold Coins from Rajasthan	文章名
《来自马图拉的更多耆那教铭文》	Further Jain Inscriptions from Mathura	文章名
《来自马图拉的七条铭文》	Seven Inscriptions from Mathura	文章名
《来自马图拉的新耆那教铭文》	New Jain Inscriptions from Mathura	文章名
《来自特赫里—格尔瓦地区的贵霜金币》	Kuṣāṇa Coins from Tehri – Garhwal	文章名
《来自乌纳奥地区的贵霜金币》	Kuṣāṇa Gold Coins from Unnao District	文章名
《赖加尔的发掘》	*Excavations at Rairh*	书名
《兰加瓦利，印度学近来的研究》	*Raṅgavalli, Recent Researches in Indology*	书名
《龙树山的佛教文物》	*Buddhist Antiquities of Nāgārjunīkoṇḍā*	书名
《旅行》	*Travel*	书名
《马德拉斯史学与科学期刊》	*Madras Journal of Letters & Science*	期刊名
《马德拉斯政府博物馆的威尼斯货币目录》	*Catalogue of the Venetian Coins of the Mandras Government Museum*	书名
《马图拉：文化遗产》	*Mathura: The Cultural Heritage*	书名
《马图拉的探索》	*Explorations at Mathura*	书名
《马图拉铭文》	*Mathura Inscriptions*	书名
《迈索尔考古学部门年度报告的补充》	*Supplement to Annual Report of the Mysore Archaeological Department*	书名

续表

中文	原文	注释
《美国东方学会会刊》	*Journal of American Oriental Society*	期刊名
《孟加拉亚洲社会期刊记录》	*Proceedings & Journal Asiatic Society of Bengal*	书名
《孟加拉亚洲学会会刊》	*Proceedings, Asiatic Society of Bengal*	期刊名
《米南德的雷铭文和印度—古希腊对恒河峡谷的入侵》	*Reh Inscription of Menander and the Indo – Greek Invasion of Gaṅgā Valley*	书名
《摩诃巴夏》	*Mahābhāṣya*	语法书
《摩诃菩提》	*Mahäbodhi*	书名
《摩罗维迦和火友王》	*Mālavikāgnimitra*	戏剧
《尼泊尔历史》	*History of Nepal*	书名
《年度书目》	*Annual Bibliography*	书名
《年份为 28 的马图拉婆罗米语铭文》	Mathura Brāhmī Inscription of the year 28	文章名
《旁遮普博物馆货币目录》	*Punjab Museum Catalogue of Coins*	书名
《毗舍离博物馆向导》	*A Guide to Vaiśālī Museum*	书名
《毗舍离发掘》	*Vaiśālī Excavations*	书名
《期刊博物馆和考古学之北方邦》	*Bulletin Museums & Archaeology, Uttar Pradesh*	期刊名
《萨卡人的货币》	*Coins of the Sakas*	书名
《三条早期的婆罗米语铭文》	*Three Early Brāhmī Inscriptions*	书名
《桑吉》	*Sanchi*	书名
《桑吉的更多祭祀铭文》	*Further Votive Inscriptions at Sanchi*	书名
《桑吉的纪念碑》	*The Monuments of Sanchi*	书名
《世界历史的象征》	*Cahiersd historie mondiale*	期刊名
《斯基泰时期》	*Scythian Period*	书名
《斯基泰时期的新婆罗米语铭文》	New Brāhmī Inscriptions of the Scythian Period	文章名
《斯基泰时期的注释》	Notes on the Scythic Period	文章名
《苏联中亚考古学注释书目》	*Annotated Bibliography of Soviet Central Asian Archaeology*	书名
《瓦西色伽、瓦克苏萨纳和索达萨》	Vaśiska, Vāskuṣāṇa and Xodasah	文章名

续表

中文	原文	注释
《瓦西色伽二世：此前不为人知的贵霜国王》	Vasiṣka Ⅱ, ein bisher unbekannter konig de spatare Kuṣāṇa	文章名
《晚期印度斯基泰人》	*Later Indo – Scythians*	书名
《王朝艺术》	*Dynastic Arts*	书名
《王河》	*Rājataraṅgiṇī*	印度西北部次大陆的一部有韵律的传奇和历史编年史
《威尼斯货币目录》	*Catalogue of Venetian Coins*	书名
《西沙》	*Siksha*	书名
《亚洲社会期刊》	*Journal of Asiatic Society*	期刊名
《亚洲研究》	*Journale Asiatique*	期刊名
《亚洲研究协会月刊》	*Asiatic Society, Monthly Bulletin*	期刊名
《一篇关于雷铭文的笔记》	A Note on the Reh Inscription	文章名
《伊萨布尔献祭之柱》	*The Sacrificial Post of Īsāpur*	期刊名
《印度碑文协会期刊》	*Journal of the Epigraphical Society of India*	期刊名
《印度博物馆期刊》	*Indian Museum Bulletin*	期刊名
《印度的剑桥历史》	*Cambirdge History of India*	书名
《印度古文物研究者》	*Indian Antiquary*	书名
《印度货币协会六十年》	*Sixty Years of the Numismatic Society of India*	书名
《印度货币协会年度报告》	Annual Report of the Numismatic Soceity of India	文章名
《印度货币学协会期刊》	*Journal of the Numismatic Society of India*	期刊名
《印度考古调查年度报告》	*Archaeological Survey of India, Annual Report*	书名
《印度历史的斯基泰时期》	*The Scythian Period in Indian History*	书名
《印度历史季刊》	*Indian Historical Quarterly*	期刊名
《印度铭文》	*Epigraphia Indica*	书名
《印度铭文全集》	*Corpus Inscriptionum Indiacarum*	书名
《印度钱币纪事》	*Indian Numismatic Chronicle*	书名
《印度—斯基泰的注释》	Notes on the Indo – Scythians	文章名
《印度—斯基泰的铸币厂》	Indo – Scythic Mints	文章名

续表

中文	原文	注释
《印度斯基泰人，萨卡人和贵霜人的货币》	*Coins of the Indo – Scythians, Sakas and Kuṣāṇas*	书名
《印度文化》	*Indian Culture*	书名
《印度—希腊货币全集》	*Corpus of Indo – Greek Coins*	书名
《在北方邦的贵霜货币发现地点》	Findspots of Kuṣāṇa Coins in U. P.	文章名
《在东印度的贵霜货币的日期》	The Date of Kuṣāṇa Currency in Eastern India	文章名
《早期印度的铜制品》	Early Indian Copper Artefacts	文章名
《中央邦的货币和印章贮藏库存》	*Inventory of the Hoards and find of Coins and Seals from Madhya Pradesh*	书名
奥里萨邦的历史	*History of Orissa*	书名

四、地名对照表

中文	原文	注释
阿格拉	Agra	位于印度北方邦西南部，亚穆纳河西岸
阿拉哈巴德	Allahabad	印度北方邦东南部城市，位于恒河与亚穆纳河的交汇处。印度教圣地之一
阿奈	Unao	印度中央邦地区
阿坦克	Attack	地名
阿印珀什	Ahin Posh	巴基斯坦考古遗址
阿逾陀	Ayodhyā	为印度古阿逾陀国都城，位于北方邦境内
阿扎姆加尔	Azamgarh	印度城市
埃罗	Ārā	地名
安得拉邦	Andhra	印度濒孟加拉湾的一个邦，首府海得拉巴
安吉纳瑞	Anjaneri	地名
奥克苏斯河	Oxus	中亚流量最大的河流
奥里萨邦	Orissa	位于印度东部的一个邦，首府为布巴内斯瓦尔
巴达赫尚	Badakhshan	阿富汗斯坦东北角的一个省
巴达米	Badāmī	印度卡纳塔克邦城镇

续表

中文	原文	注释
巴拉班吉	Barabanki	地名，位于印度北方邦地区
巴拉索尔	Balasore	地名，位于印度奥里萨邦
巴特那	Patna	印度的宗教圣地，位于比哈尔邦东部恒河南岸
巴亚娜	Bayana	印度拉贾斯坦邦城市
白沙瓦	Peshawar	白沙瓦为巴基斯坦西北边境省省会
班加基亚	Bhanjakiā	地名
班加里	Bangari	地名
班托格尔	Bandhogarh	地名
北村庄	Utara	印度村庄
北方邦	Uttar Pradesh	位于印度北部，是印度人口最多的邦
贝格拉姆	Begram	阿富汗大夏与贵霜王朝时期城址，在喀布尔以北，始建于公元前2世纪，贵霜王朝时期这里曾是夏都
贝拿勒斯	Banaras	地名，又名“瓦拉纳西”
贝瓦	Belwa	印度村庄
贝瓦达迦	Belwadaga	地名
本德尔坎德	Bundelkhand	地名
比尔普姆	Birbhum	印度西孟加拉邦地区
比尔英吉	Bhilingi	地名
比哈尔邦	Bihar	位于印度北部
比拉斯普尔	Bilaspur	印度恰蒂斯加尔邦城市
比塔里	Bhitari	在印度北方邦地区
宾得瓦尔	Bindwal	印度村庄
波罗阿克	Broach	地名
伯格萨尔	Buxar	印度比哈尔邦城市
博格拉	Bogra	孟加拉城市
博卡尔丹	Bhokardan	印度马哈拉施特拉邦城镇
布巴内斯瓦尔	Bhubaneswar	印度奥里萨邦的首府
布汉吉卡	Bhañjikā	地名，位于马约巴哈尼地区

续表

中文	原文	注释
布拉玛朴里	Brahmapurī	印度马哈拉施特拉邦城市
布莱金厄	Blekinge	地名
布兰迪巴格	Bulandībāgh	地名
查尔贡纳加拉贾	Chargaon Nagaraja	地名
查姆帕兰	Champaran	地名
昌德拉瓦利	Candravalli	印度地名
达多法塔赫布尔	Dado Fatehpur	地名
达尔彭加	Darbhanga	印度比哈尔邦北部城市
达卡	Dacca	地名
呾叉始罗	Taxila	巴基斯坦城市
大力罗摩孔达	Balbhadrakunda	地名
德里	Delhi	地名
德鲁布尔	Dalhupur	印度北方邦村庄
都沙奇城	Sāketa	印度北方邦著名宗教圣地
法塔赫布尔	Fatehpur	地名，位于北方邦
甘贾姆	Ganjam	位于印度奥里萨邦地区
戈巴尔根杰	Gopalganj	位于印度比哈尔邦地区
戈尔哈布尔	Kolhapur	印度马哈拉施特拉邦南部城市
戈文德纳加尔	Govindnagar	地名
戈西塔纳尔	Kositanar	地名
歌瓦尔丹	Govardhan	印度城市
格登吉	Katangi	印度中央邦城镇
根达柴明达尔	Kenda Zamindari	地名
贡迪亚	Gondia	印度马哈拉施特拉邦城市
古尔卡	Gulka	地名
古吉拉特邦	Gujarat	印度最西部的邦
谷瑞巴瑞	Gauribari	地名
瓜廖尔	Gwalior	印度中央邦西北部城市
哈里亚纳邦	Haryana	印度西北部的一个邦，1966 年从旁遮普邦分出成立，首府是昌迪加尔

续表

中文	原文	注释
哈扎里巴	Hazaribagh	印度贾坎德邦城市
海得拉巴	Hyderabad	印度第六大城市，安得拉邦的首府
诃提衮帕铭文	Hāthīgumphā Inscription	位于奥里萨邦的一处铭文，为当时印度羯陵伽国王迦罗卫罗所刻
赫尔达	Harda	印度城市
赫米尔布尔	Hamirpur	地名
恒河三角洲	Gangetic Delta	地名
花拉子模	Khwarizm	旧译“火寻”，位于中亚西部的地理区域，阿姆河下游、咸海南岸，今乌兹别克斯坦及土库曼斯坦两国的区域内
华氏城	Pāṭaliputra	古印度城市
霍申加巴德	Hoshangabad	印度中央邦南部的城市
基钦	Khiching	地名，位于马约巴哈尼地区
吉里迪	Giridih	印度贾坎德邦城市
加尔	Garh	地名
加尔各答	Calcutta	印度西孟加拉邦首府
加瓦尔	Garhwal	印度北方邦地区
加雅	Gayā	印度比哈尔邦第二大城市
迦尔那—苏瓦尔纳	Karṇa - suvarṇa	地名
贾巴尔普尔	Jabalpur	印度中央邦城市
贾坎德邦	Jharkhand	印度东部邦
贾纳克布尔	Janakpur	尼泊尔城市
江布尔	Jaunpur	印度北方邦东部城市
姜巴兰杰	Jamba Ranger	地名
焦伊布尔	Jaypur	印度西孟加拉邦村庄
憍赏弥	Kauśāmbī	古代印度著名城市
杰格达	Jaugada	印度奥里萨邦废弃堡垒
杰格达里	Jagadhari	地名
杰哈普里	Jhajhapuri	地名
杰马勒布尔	Jamalpur	地名

续表

中文	原文	注释
喀喇昆仑山脉	Karkoram	山名
卡梵	Karvan	地名
卡拉	Karra	地名
卡拉德	Karād	印度马哈拉施特拉邦城市
卡姆拉	Kamra	地名
卡塞尔瓦	Kaserva	地名
卡雅玛	Kayema	地名
凯拉	Kaira	印度古吉拉特邦地名
凯翁加尔	Keonjhar	印度奥里萨邦城镇
坎卡利蒂拉	Kaṅkālī Tīlā	地名，在印度马图拉地区
柯桑村	Kosam	地名
克什米尔	Kāshmir	地名
克塔克区	Cuttack District	地名，位于印度奥里萨邦
克特里	Khetri	印度拉贾斯坦邦城市
孔达布尔	Koṇḍāpur	印度城市
库姆拉哈尔	Kumrahāra	印度城市
库萨姆蒲甘	Kusumbagan	地名
库什	Kush	地名
拉古萨	Laghusā	印度村庄
拉罕山	Rakha Hill	在印度贾坎德邦
拉贾斯坦	Rajasthan	印度西部的邦，与巴基斯坦接壤，首府是斋浦尔
拉杰马哈尔	Rajmahal	地名
拉库亚	Lāṅguliyā	河名
拉姆戴尔	Ramdale	地名
拉齐娅	Radhia	地名
莱顿	Leiden	地名
兰契	Ranchi	印度城市
劳里亚・南登格尔	Lauria Nandangarh	印度比哈尔邦城市
勒菲根杰	Rafiganj	地名

续表

中文	原文	注释
勒克瑙	Lucknow	北方邦的首府
雷	Reh	地名，位于北方邦的法塔赫布尔地区
龙树山	Nāgārjunīkoṇḍā	南印度的佛教遗迹
鹿野苑	Sārnāth	今属印度国北方邦瓦拉纳西，佛陀在此初转法轮和成立僧伽团体，是佛教四大圣地之一
洛哈达伽	Lohārdāgā	印度城市
马德拉斯	Madras	泰米尔纳德邦的首府
马尔达	Malda	印度西孟加拉邦城市
马哈拉拉	Machharala	印度村庄
马哈拉施特拉	Maharashtra	位于印度西部，首府为孟买
马霍利亚	Maholia	地名
马苏巴扎	Masubazar	印度西孟加拉邦城市
马塔萨尔	Mithathal	印度哈里亚纳邦村庄
马图拉	Mathura	印度北方邦西南部城市
马约巴哈尼	Mayurabhanj	印度奥里萨邦城市
玛蒂亚普拉利亚	Mathia Puraria	地名
玛尼卡帕坦纳	Māṇika Pātaṇā	地名
迈索尔	Mysore	印度城市
迈特	Māt	地名
曼巴木	Manbhum	印度比哈尔邦地区
梅劳里	Mehrauli	地名
蒙格埃利	Mungeli	印度恰蒂斯加尔邦城市
蒙吉尔	Monghyr	印度比哈尔邦中部城市
孟加拉	Bengal	地名
米德那浦尔	Midnapur	印度西孟加拉邦城市
米尔扎布尔	Mirzapur	地名
密鲁特	Meerut	印度北方邦城市
明斯特	Munster	德国城市名
摩陀耶提舍	Madhyadeśa	古代印度文献把次大陆分为五大区，中印度为“摩陀耶提舍”

续表

中文	原文	注释
莫蒂哈里	Motihari	印度比哈尔邦城市
莫哈斯坦	Mahāsthān	孟加拉地名
穆尔希达巴德	Murshidabad	印度西孟加拉邦城市
穆扎法尔布尔	Muzaffarpur	印度比哈尔邦城市
那不勒斯	Naples	地名
那亚加尔邦	Nayagarh	英属印度时期印度一个邦
纳若里	Naroli	地名
纳西克	Nasik	印度马哈拉施特拉邦的一座城市
纳伊	Nai	印度村庄
娜拉	nālā	印度社区发展片区
嫩加纳萨希布	Nānkānā Sāheb	巴基斯坦地区
尼西亚	Nicaenum	即伊兹尼克，是土耳其布尔萨省的一座城市
努岗	Nuagaon	印度奥里萨邦地区
帕戈尔布尔	Bhāgalpur	印度比哈尔邦城市
帕拉姆	Palamau	地名
旁遮普	Punjab	位于印度西北部，首府为拉合尔
彭达瓦	Pendarwa	印度村庄
毗舍离	Vaisālī	位于今天印度比哈尔邦首府巴特那以北
平德拉贝拉	Pindrabera	地名
婆罗多布尔	Bharatpur	印度拉贾斯坦邦城市
菩提伽耶	Bodh Gaya	佛陀成正觉之地
浦那	Pune	印度西部城市
普鲁利亚	Purulia	印度西孟加拉邦县
普鲁索塔姆普尔	Purusottampur	印度奥里萨邦城镇
齐兰	Chirand	印度比哈尔邦萨朗地区的一个考古遗址，位于恒河的北岸
钱德拉布尔	Chandrapur	印度马哈拉施特拉邦城市
乔巴勒	Chaubara	地名
乔塔那格浦尔	Chhota Nagpur	印度东部高原

续表

中文	原文	注释
乔希普—班加基亚	Joshipur – Bhanjakiā	地名，位于马约巴哈尼地区
切瑞廷	Cherithan	印度地名
琼丘努	Jhunjhunu	印度拉贾斯坦邦城市
邱那卢	Chunār	地名
曲女城	Kānyakubja	在印度戒日王朝时期，公元612 年开始被定为都城
萨达舍离	Sadargalli	印度地名
萨基特	Sāket	印度城市
萨莱克拉—卡尔萨旺	Saraikela – Kharsawan	在印度贾坎德邦
萨朗	Saran	地名
萨塔拉	Satara	地名，在印度马哈拉施特拉邦
塞诺恩	Senorn	地名
桑吉	Sanchi	印度中央邦佛教古迹
沙赫多尔	Shahdol	印度中央邦城市
舍赫特·摩赫特	Sahet – Mahet	地名
舍卫城	Śrāvastī	古印度佛教胜地
圣雄甘地墓	Rājghāt	位于老德里的朱穆拿河畔，是用黑色大理石筑成的一个四方形平台，标志着圣雄甘地 1948 年被刺后火化的地点
思瓦谱尔	Swaspur	地名
斯德哥尔摩	Stockholm	地名
斯库尔亚	Ṛṣikulyā	河名
斯里加古兰	Srikakulam	印度安得拉邦城市
斯瓦特河谷	Swat Valley	位于巴基斯坦西北边境省
松河	Son	位于印度中部，是恒河右岸的一条支流
松克	Sonkh	地名，在马图拉地区
苏丹甘杰	Sultanganj	印度比哈尔邦城市
塔姆卢克	Tāmluk	印度西孟加拉邦南部城市
特拉普尔	Tripurī	地名
特瓦尔	Tewar	地名

续表

中文	原文	注释
托恩	Torn	地名
瓦拉纳西	Vārāṇasī	又称贝拿勒斯，印度教圣地、著名历史古城，位于印度北方邦东南部，坐落在恒河中游新月形曲流段左岸
威斯巴登	Wissbaden	地名
威亚特迦	Virāṭgarh	地名，在马约巴哈尼地区
维恩	Wein	地名
乌贾因	Ujjain	印度中央邦西南部城市
西素帕勒格勒赫	Śiśupālagarh	印度奥里萨邦库尔达地区遗址
希德哈利	Sidhāri	印度城市
希兰亚—钵伐多	Hiraṇya - parvāta	地名
希萨尔	Hisar	印度哈里亚纳邦西南部城市
悉多班吉	Sitabhanji	地名
锡兰	Ceylon	斯里兰卡 1948—1972 年旧名
锡斯坦	Seistan	西亚赫尔曼德河下游盆地，在阿富汗与伊朗之间
谢胡布尔	Shekhupura	巴基斯坦东北部城市
辛格布姆	Singhbhum	地名
信度	Sindhu	指印度河
亚穆纳恒河平原地区	the Yamuno - Gangetic region	地名
伊萨布尔	Īsāpur	印度马图拉附近
伊塔尔西	Itarsi	印度中央邦城市
优禅尼	Ujjayini	地名
斋浦尔	Jaipur	拉贾斯坦邦首府，印度北部的一座古城
中央邦	Madhya Pradesh	首府博帕尔
朱纳格尔	Junagarh	地名

五、人名、王朝名、部落名及其他对照表

中文	原文	注释
阿查里雅	P. Acharya	人名
阿道克狩	Ardokṣo	印度女神
阿德里斯·班纳吉	Adris Banerji	人名
阿尔特卡尔	A. S. Altekar	人名
阿夫里格王朝	Afrighid	公元305—995年，一个由阿姆河下游花剌子模地区伊朗土著成立的王朝
阿格瓦拉	V. S. Agrawala	人名
阿贾跋摩	Ajavarman	人名
阿蓝车多罗	Ahicchatrā	中印度古国名
阿里亚密多罗	Āryamitra	人名
阿耆尼密多罗	Agnimitra	公元前149—公元前141年在位
阿丘塔	Acyuta	人名
阿施狩	Athśo	火神
阿斯帕瓦尔马	Aspavarma	印度—斯基泰统治者，公元15—公元45年在位
阿尤密多罗	Āyumitra	人名
阿育王	Aśoka	孔雀王朝第三任国王
阿泽斯二世	Azes Ⅱ	印度—萨卡统治者，公元前35—公元12年在位
阿泽斯一世	Azes Ⅰ	印度—萨卡统治者，公元前48/47—公元前25年在位
埃利奥特	W. Elliot	人名
艾伦	J. Allan	人名
安努密多罗	Aṇumitra	人名
安息	Pahlava	侵入印度的波斯人
奥古萨	aṅkuśa	驯象棒，赶牲口的尖棒
巴克特里亚	Bactrian	公元前3世纪中叶希腊殖民者在中亚建立的奴隶制国家
巴拉	Bala	人名
巴拉布蒂	Balabhūti	人名

续表

中文	原文	注释
巴南福瑞	Banāphara	氏族名
巴南福瑞·拉其普特人	Banāphara Rajputs	氏族名
巴努密多罗	Bhānumitra	人名
巴沙姆	A. L. Basham	人名
跋蹉国	Vatsa	印度古国，公元前700—公元前300年
跋陀罗摩伽	Bhadramagha	人名
班加提婆	L. N. Bhanjadeva	人名
班纳吉	R. D. Banerji	人名
般遮罗国	Pañcāla	古印度列国时代（公元前6世纪至公元前4世纪）十六国之一，原为一古老部落，位于恒河上游，俱卢以东
鲍尔	Ball	人名
贝格拉	J. D. Beglar	人名
贝斯克	Bazeṣko	人名
贝兹斯卡	Bazeṣka	人名
比萨卡提婆	Viśākhadeva	人名
彼特·贝格豪斯	Peter Berghaus	人名
波塔密多罗	Poṭhamitra	人名
钵伐多国	Parvata	《大唐西域记》卷十一载记载的西印度古国，隶属于磔迦国
伯恩斯	C. A. Burns	人名
补沙密多罗·巽伽	Puṣyamitra Śuṅga	创立了巽加王朝，公元前185—公元前149年在位
补沙武迪	Puṣyavuddhi	人名
布哈拉	S. C. Behera	人名
布哈瓦达塔	Bhavadatta	人名
布拉杰·莫汉·维亚斯	Braj Mohan Vyas	人名
布勒	G. Bühler	人名
布洛赫	T. Bloch	人名
布米密多罗	Bhūmimitra	人名

续表

中文	原文	注释
布萨利	Bussagli	人名
怖军跋摩	Bhīmavarman	人名
查拉	Chara	货币上的字样
刹帝利	Kṣatriya	古印度四种种姓之一
崔卡玛拉	Trikamala	人名
达纳提婆	Dhanadeva	人名
达尼	A. H. Dani	人名
大自在天密多罗	Īśvaramitra	人名
戴玛笈多	Dāmagupta	人名
德米特里厄斯	Demetrius	人名
迪哈密多罗	Dṛḍhamitra	人名
迪利普库玛尔	Dilip Kumar	人名
杜茹瓦密多罗	Dhruvamitra	人名
多宾斯	K. W. Dobbins	人名
多南瓦蒂	Dhanavatī	人名
多闻天王	Vaisravana	佛教护法之大神，是四天尊王之一
发罗	Pharro	幸运之神
伐楼拿密多罗	Varuṇamitra	人名
伐由提婆	Vāyudeva	人名
梵天密多罗	Brahmamitra	人名
丰饶之角	cornucopiae	又名丰饶羊角，起源于罗马神话。形象为装满鲜花和果物的羊角（或羊角状物），以此庆祝丰收和富饶，也象征着和平、仁慈与幸运
佛陀蜜多	Buddhamitrā	人名
弗格鲁尼密多罗	Phālgunīmitra	人名
弗格鲁尼提婆	Phālgunīdeva	人名
弗利特	Fleet	人名
弗维色伽	Huviṣka	人名
富歇	A. Foucher	人名

续表

中文	原文	注释
伽达哈拉	Gaḍahara	部落名
伽达卡拉	Gaḍakhara	部落名
伽摩达塔	Kāmadatta	人名
伽那婆提娜迦	Gaṇapati Nāga	人名
盖	G. A. Gai	人名
甘恩德拉	Gaṇendra	人名
甘古利	D. K. Ganguly	人名
甘谷里	Ganguli	人名
戈比	R. Göbl	人名
格希什曼	Ghirshman	人名
葛尼沙·查乌比	Ganesh Chaube	人名
古密多罗	Gomitra	密多罗王朝的早期统治者的姓氏
古印度语	Prākṛt	
哈加马萨	Hagāmasa	人名
哈贾纳	Hagāna	人名
哈拉霍斯提斯	Kharahoṣtes	印度—斯基泰统治者，公元前10—公元10年在位
哈拉帕拉纳	Kharapallana	人名
哈特尔	H. Hartel	人名
诃梨西那	Hariṣeṇa	人名
赫尔默乌斯	Hermeus	人名
黑天	Kṛṣṇa	梵文的意思是“黑色”，黑色能吸收光谱中的七种颜色，代表具有吸引一切的力量；黑天为佛教旧译，是印度教诸神中最广受崇拜的一位神祇，被视为毗湿奴的第八个化身，是诸神之首，世界之主
侯赛因	M. K. Hussain	人名
胡斯卡	Huṣka	人名
怀特海德	R. B. Whitehead	人名
皇家亚洲学会	the Royal Asiatic	机构名

续表

中文	原文	注释
霍诺里乌斯	Honorius	罗马统治者，公元384—423年在世，公元395—423年在位
笈多	P. L. Gupta	人名
笈多王朝	Gupta Dynasty	中世纪统一印度的第一个封建王朝，疆域包括印度北部、中部及西部部分地区，首都城为华氏城
寄多罗人	Kidārs	公元4世纪和公元5世纪巴克特里亚和相邻的中亚及南亚部分地区的统治者
加弗罗夫	B. Gufuṛov	人名
加纳帕达	janapada	意为“小国”
加斯卡	Juṣka	人名
加雅笈多	Jayagupta	人名
加雅密多罗	Jayamitra	人名
迦尔诃那	Kalhana	公元12世纪中叶迦湿弥罗国博学的婆罗门，为梵语史诗迦湿弥罗国王朝史《王河》的作者
迦罗卫罗	Kharavela	古印度羯陵伽国王（约公元前1世纪或公元前2世纪在位），其主要信息来源是诃提衮帕铭文
贾亚斯瓦尔	Jayaswal	人名
犍陀罗	Gandhāra	公元前6世纪已经存在的南亚次大陆国家，为列国时代十六国之一
憍萨罗	Kosala	印度列国时代的十六雄国之一，存续期约为公元前6世纪至公元前4世纪，疆域包括现在的印度国北方邦和尼泊尔国部分地区
捷马尔	Zeymal	人名
金轮经幢	Cakradhvaja	
鸠摩罗笈多一世	Kumāragupta Ⅰ	古印度笈多王朝国王，旃陀罗·笈多二世之子，公元414—455年在位
卡查笈多	Kāchagupta	笈多王朝统治者

续表

中文	原文	注释
卡尔科塔王朝	Karkoṭa dynasty	源于喀什米尔的印度王朝（公元 625—885 年）
卡鲁克亚斯	Cālukyas	印度的一个古典皇室王朝，公元 6 世纪至公元 12 世纪统治了印度南部和中部的大部分地区
卡尼卡	Kaṇika	人名
坎宁安	Cunningham	人名
孔雀王朝	Mauryan Dynasty	古印度摩揭陀国著名的奴隶制王朝
库穆达塞纳	Kumudasena	人名
拉达密多罗	Rādhamitra	人名
拉吉尼密多罗	Rajnīmitra	人名
拉贾密多罗	Rājamitra	人名
拉贾尼密多罗	Rajanimitra	人名
拉鸠威鲁亚	Rājuvula	人名
拉曼钱德拉	T. Ramachandran	人名
拉姆·鲁普·古普塔	Ram Rup Gupta	人名
拉姆香卡尔·拉沃特	Ramashanker Rawat	人名
拉希里	A. N. Lahiri	人名
利维	S. Levi	人名
林伽	liṅga	在梵语里是“标志”的意思，象征古印度吠陀宗教、印度教神祇湿婆，是寺庙里膜拜湿婆的标志
娄伊泽	Lohuizen	人名
楼陀罗	Rudra	人名
楼陀罗笈多	Rūdragupta	人名
罗克希尔	W. H. Rockhill	人名
罗摩达塔	Rāmadatta	人名
罗森菲尔德	Rosenfield	人名
罗伊	S. C. Roy	人名
洛伊克	N. W. Lowick	人名
吕德斯	H. Luders	人名

续表

中文	原文	注释
马祭	Aśvamedha	一种高规格的祭祀，是印度吠陀时代的一种重要仪式；传统上，通常由国王亲自主持向生主和因陀罗求子的祭祀仪式，仪式长达数月之久
马鸣	Aśvaghoṣa	古印度佛教大师、诗人、剧作家，生于婆罗门家庭，后皈依佛教
马宗达	N. G. Majumdar	人名
玛斯拉	Maśra	货币上的字样
迈蒂	S. K. Maity	人名
麦克道尔	D. W. MacDowall	人名
瑁	Mao	月亮神
孟加帕拉	Vaṅgapāla	人名
弥若	Miiro	太阳神
米南德	Menander	印度—希腊的国王
米奇纳	Mitchiner	人名
米特沃勒	Mitterwallner	人名
密多罗王朝	Mitra Dynasty	指在公元前150—公元50年时统治马图拉地区，名字带有密多罗后缀的当地统治者们
蔑戾车	Mleccha	梵语意为“外国人”，引申为“野蛮人”“恶人”，即风习与印度教制度不同的非雅利安贱民，也指那些只知方言，不谙婆罗门传统的雅利安人
摩伽	Magha	王朝名称
摩揭陀	Magadha	古代中印度王国（公元前544—公元前491年），佛陀时代印度四大国之一
莫卧儿王朝	Mughal	公元1526—1857年，突厥化的蒙古人帖木儿的后裔巴布尔在印度建立的封建专制王朝
穆克吉	B. M. Mukherjee	人名
穆拉提婆	Mūladeva	人名
穆伦达	Muruṇḍa	印度古王朝

续表

中文	原文	注释
那拉达塔	Naradatta	人名
纳拉因	A. K. Narain	人名
纳维卡	Nāvika	人名
娜迦	Nāga	部落名称
娜娜	Nānā Ṣāo	繁殖之神
难陀—孔雀王朝	Nanda – Maurya Dynasty	
帕德玛瓦蒂	Padmāvatī	人名
帕尔古提婆	Phalgudeva	人名
帕尔梅什瓦里·拉尔·笈多	Parmeshwari Lai Gupta	人名
帕萨提婆	Pāthadeva	人名
帕提亚	Parthian	公元前247—公元224年，又名阿萨息斯王朝或安息帝国，是亚洲西部伊朗地区古典时期的奴隶制帝国
潘迪·罗禅·普拉萨德·沙玛	Pandey Lochan Prasad Sharma	人名
旁亚瑟拉	Puṇyaśālā	铭文名
毗诃跋提密多罗	Bṛhaspatimitra	人名
毗讫罗摩	Vikrama	朝代名称
毗湿奴密多罗	Viṣṇumitra	人名
婆罗米语	Brahmi	印度古代最重要的也是使用最广泛的语言
普拉贾巴蒂密多罗	Prajāpatimitra	人名
普拉摩伽	Puramagha	人名
普拉萨德	H. K. Prasad	人名
普鲁沙达塔	Puruṣadatta	人名
普瑞米阿塔·帕克玛	Premlata Pokhama	人名
普沙密多罗·巽加	Pushyamitra Sunga	人名
普什帕·萨克瑞尔	Pushpa Thukrail	人名
普斯瓦斯瑞	Púṣvaśrī	人名
耆那教	Jain	印度传统宗教之一

续表

中文	原文	注释
恰托巴底亚耶	S. Chattopadhyaya	人名
乔·克里布	Joe Cribb	人名
乔杜里	R. K. Chaudhury	人名
乔治·格里尔生	George Grierson	人名
佉卢文	Kharoṣṭhī	佉卢文是起源于古代犍陀罗，后来流行于中亚广大地区的一种文字，是丝绸之路上重要的通商语文和佛教语文
萨尔·朱普拉萨德·辛格	Sarjug Prasad Singh	人名
萨尔帕密多罗	Sarpamitra	人名
萨卡—穆伦达	Ṣaka – muruṇḍ	部落名称
萨卡人	Ṣaka	生活在欧亚大草原北部和东部以及塔里木盆地的伊朗游牧民族
萨罗吉尼·库拉什雷什塔	Sarojini Kulashreshtha	人名
萨尼	D. R. Sahni	人名
萨珊王朝	Sassanians empire	也称波斯第二帝国，是最后一个前伊斯兰时期的波斯帝国，国祚始自公元 224 年，公元 651 年亡
萨塔摩伽	Satamagha	人名
萨塔瓦哈那	Sātavāhana	公元前 1 世纪至公元 2 世纪古印度王朝
萨提亚密多罗	Satyamitra	人名
塞建陀笈多	Skandagupta	公元 455—467 年在位
塞萨达塔	Śeṣadatta	人名
桑哈米卡	Saṅghamikā	人名
僧伽密多罗	Sanghamitra	人名
沙利达	Ṣālad	部落名
沙玛	G. R. Sharma	人名
沙摩陀罗笈多	Samudragupta	笈多王朝统治者，公元 335/350—375 年在位
沙普尔	Shāpur	人名
莎亚南二世	Shah Alam Ⅱ	公元 1728—1806 年，莫卧儿王朝第十六任统治者
舍利输迦	Śāliśuka	孔雀王朝第六任君主，公元前 215—公元前 202 年在位

续表

中文	原文	注释
湿婆	Śiva	印度教三相神之一，毁灭之神
湿婆达塔	Śivadatta	人名
湿婆一林伽	Śiva - liṅga	人名
湿婆密多罗	Śivamitra	人名
湿婆妙音	Śivaghoṣa	人名
湿婆摩伽	Śivamagha	人名
史密斯	V. Smith	人名
斯基泰	Scythian	西徐亚王国的奴隶制王朝，因为统治者为斯基泰人而得名
斯卡尔	D. C. Sircar	人名
斯里尼瓦桑	Davis M. Srinivasan	人名
斯里尼瓦桑	Srinivasan	人名
斯利瓦斯塔瓦	A. K. Srivastava	人名
斯坦	A. Stein	人名
斯腾·库努夫	Sten Konow	人名
苏达萨	Śoḍāsa	人名
苏拉密多罗	Suramitra	人名
苏利耶密多罗	Sūryamitra	人名
苏罗娑	Śūrasena	都城末土罗，佛陀时代（公元前6世纪至公元前4世纪）印度次大陆十六大国之一，后被摩揭陀国所灭
苏提婆	Sudeva	人名
索霍尼	S. V. Sohoni	人名
塔姆	Tam	人名
塔韦尼埃	Tavernier	人名
泰弗诺	Thevenot	人名
提婆密多罗	Devamitra	人名
托马斯	F. W. Thomas	人名
陀兰那达萨	Toraṇaḍāsa	人名
瓦利卡斯	Vāhlīkas	古印度部落

续表

中文	原文	注释
瓦伦丁二世	Valentine Ⅱ	人名
瓦鸣	Vavaghoṣa	人名
瓦纳斯帕拉	Vanaspara	人名
瓦苏	Vasu	人名
瓦苏贵霜	Vaskuṣāṇa	人名
瓦苏拉	Vasulā	人名
瓦索塞纳	Vasusena	人名
万·维克	W. K. van Wijk	人名
维尔玛	T. P. Verma	人名
维贾雅密多罗	Vijayamitra	人名
维贾雅摩伽	Vijayamagha	人名
维拉	Vīra	人名
维斯瓦帕拉	Viśvapāla	人名
沃格尔	J. Ph. Vogel	人名
乌塔玛达塔	Uttamadatta	人名
邬波驮耶	S. C. Upadhyaya	人名
西萨特拉普王朝	Western Kṣatrapas	又称西部总督区，是一个位于印度西部的斯基泰人地方政权
西塔	Sita	人名
辛地亚	Sindhia	曾统治瓜廖尔邦的印度马拉地王朝
雅吉纳帕拉	Yajñapāla	人名
亚历山大·C·索珀	Alexender C. Soper	人名
耶瑟莎达塔	Jyeṣṭhadatta	人名
耶瑟莎密多罗	Jyeṣṭhamitra	人名
因陀罗密多罗	Indramitra	人名
因陀罗提婆	Indradeva	人名
游得希亚	Yaudheya	部落名称，公元前5世纪在印度河和恒河之间崛起
瑜帕	yūpa	一种祭祀柱
宇迦摩伽	Yugamagha	人名

续表

中文	原文	注释
育德亚米德兰	Yudhyamitrān	人名
约翰·肯特	John Kent	人名
月氏	Yueh - chi	是匈奴崛起以前居于河西走廊、祁连山古代游牧民族，也称“月支”“禺知”
旃陀罗笈多二世	Candragupta Ⅱ	公元 380—413 年在位
旃陀罗笈多一世	Candragupta Ⅰ	月护王，印度孔雀王朝第一任皇帝，公元前 321—公元前 297 年在位
詹金斯	G. K. Jenkins	人名
兹奥尼西斯	Zeionises	人名